I0082781

GUÍA PARA EL ESTOCISMO Y LA SUPERACIÓN DE LA ANSIEDAD Y LOS ATAQUES DE PÁNICO

DESCUBRE LOS SECRETOS PSICOLÓGICOS DE LA FILOSOFÍA ESTOICA EN LA VIDA MODERNA. CONSTRUIR UNA AUTODISCIPLINA INQUEBRANTABLE Y HÁBITOS DIARIOS QUE GARANTICEN EL ÉXITO

BENITO MANRIQUE

ÍNDICE

ESTOICISMO Y DUREZA MENTAL

GUÍA PARA LIDIAR CON LA ANSIEDAD Y ATAQUES DE PÁNICO

ESTOICISMO Y DUREZA MENTAL

DESCUBRE LOS SECRETOS PSICOLÓGICOS DE LA FILOSOFÍA ESTOICA EN LA VIDA MODERNA. CONSTRUIR UNA AUTODISCIPLINA INQUEBRANTABLE Y HÁBITOS DIARIOS QUE GARANTICEN EL ÉXITO

INTRODUCCIÓN

Estimado lector ante todo quiero darte una cordial bienvenida, tienes en tu poder una de las guías más completas que vas a encontrar sobre el tema de superación personal, en este sentido quiero que estés preparado para encontrarte con una contextualización de uno de los sistemas de pensamientos más antiguos, cuyos postulados pueden ser reconsiderados en la actualidad y ponerlos en prácticas, pese al cisma cultural que puede existir entre la sociedad donde se originó esta escuela de pensamiento, y el mundo moderno en el contexto occidental del siglo XXI.

Estoy hablando como bien nos ha indicado el titulo sobre la filosofía estoica, esta escuela de pensamiento que nació en los albores del siglo tres antes de la era cristiana, y cuyo pensamiento perdura hasta nuestros días, sin embargo, este sistema filosófico como escuela se mantuvo en auge aun muchos años después de la era cristiana.

En las líneas que componen este volumen encontrarás de forma muy didáctica pero sin perder la esencia de lo que se trata de reflejar (la felicidad y la superación personal) la historia del surgimiento de esta escuela filosófica, pasando por su proceso histórico y desde luego algunas reseñas relacionadas con los más insignes personajes que influenciaron con sus doctrinas filosóficas el mundo griego, y que siguen impactando el mundo moderno.

¿Por qué el estoicismo como medio de la superación personal?

Es este enfoque el que hace más interesante todo este asunto, como podrás ver en detalle más adelante esto no es un simple tratado de superación personal, sino que es la guía que podrás utilizar el resto de tu vida cuando la mente se esté yendo por caminos infructuosos y te esté arrojando una vez más en los lazos del desazón.

Y esto anterior lo digo no porque aquí se encuentre el elixir de la felicidad, ya que la felicidad es un constructo que corresponde a las situaciones particulares de cada individuo buscar, desarrollar y en consecuencia vivir, es este sentido he desarrollado todo un tema en los primeros capítulos. Es que no podemos encerrar un término como la felicidad en una sola definición, esto sería por demás irresponsable.

La felicidad es un asunto amplio que se hace necesario evaluar desde una óptica más objetiva, de manera que puedas contextualizar los principios de la misma a tu propia vida. Tratar de definir felicidad se hace realmente difícil sobre todo en un mundo tan superfluo como el moderno en el que la felicidad se ha limitado a un simple asunto de sentimentalismos que si bien pueden estar presente en un estado de felicidad, igualmente pueden aparecer en el más triste y desventurado de los seres humanos, así que si decimos que la felicidad se refiere a esos sentimientos al hablar de felicidad estaríamos enfrentándonos al tema más fugaz de la historia.

Me refiero fundamentalmente a la confusión no sé si por accidente, o no sé si adrede, que se hace entre felicidad y alegría, la alegría es una sensación muy superflua, movible, de hecho la mejor manera de reflejar este asunto es señalar que la alegría no es más que una emoción generada por un sentimiento, mientras que la felicidad es un estado, es constante, se mantiene sobre cualquier situación y en cualquier adversidad.

Más adelante, te entregaré todo un análisis serio y objetivo sobre otro asunto que requiere una especial atención, me refiero a la mente positiva, sobre esto ha surgido un sinfín de ideas y planteamientos verdaderamente dislocados, y lo aclararé porque necesito dejar por sentado que en realidad, lograr un pensamiento estoico en la vida con el objeto de alcanzar la realización requiere sin duda alguna de una mente positiva, pero verdaderamente positiva, no ilusamente positiva.

Es que justo en un mundo moderno como el nuestro muchas de las más sagradas ideas se han llegado a corromper al punto que hacen de doctrinas saludables un verdadero caos que no me resuena a otra cosa más que a profano (en el uso literal no religiosos del término).

Y estas profanaciones de las que hago referencia han sufrido lamentablemente la idea de una mente positiva, se ha querido vender esto cual pócima mágica con al que de tan solo repetir un par de palabras diarias encuentras la eliminación de todos los problemas, y esto es el mejor generador de frustración que existe. Sobre este particular hay un ejemplo que siempre uso en cada una de mis conferencias

Me tocó asistir a la universidad lejos de casa, estaba acostumbrado al cuidado y protección y desde luego las provisiones normales que había en casa en relación a la comida, estando en esta situación sucedían muy corrientemente que las provisiones se acababan antes de que llegara la mesada que me enviaban normalmente.

Muchas veces se daba la situación que faltó la comida y ya con las ultimas provisiones me tocaba extender el dinero hasta la llegada de más mesada, por lo que solía resolver con cantidades muy escasas de comida, para estos días asistí a una reunión de cierto grupo de asuntos metafísicos en el que se maneja esta situación que estoy planteando, es decir "una mente positiva", recuerdo que el orador nos enseñó una especie de mantra que debíamos repetir cuando necesitáramos algo y en eso comenzaría a descender por no sé cuál tubo del plano imaginario al plano real lo que estábamos pidiendo a través del mantra.

Uno de los tantos días que solo me quedaba pan y leche para comer estaba algo cansado del menú, ese día decidí poner en práctica el mantra que el señor del discurso me había enseñado, estaba decidido comer un filete a la parrilla con puré de patatas y espárragos asados, hice todo tal como lo indicó este agradable sujeto, sin embargo parece que el tubo que me traería mi filete se encontraba obstruido, ya que este nunca llegó.

Traté de resignarme con mi pan y mi leche, para no crear frustración en mi vida, (aunque fue casi inevitable). Pese a que no trato de desvirtuar ningún grupo religioso o metafísico en este tratado, necesito dejar muy claro el tema de la mente positiva, porque continuar a los siguientes capítulos sin ver de forma objetiva este asunto puede desviar el rumbo de todo lo que voy a tratar en los capítulos posteriores.

En el tercer capítulo voy a hablarte de los ruidos que normalmente están acechando la mente de las personas que componen la estructura social moderna, jamás será posible lograr las meta de ser completamente feliz a través de la superación personal sino se logra bajar los niveles de ruido que invaden la mente de las personas de hoy en día, ¿pero de qué ruido estamos hablando?

No se trata de los ruidos que son perceptible para el oído, se trata de pensamientos e ideas que normalmente se encuentran en la mente y que lamentablemente se han vuelto completamente normales, en este capítulo te voy a mencionar las principales pensamientos que son las que hacen el ruido del que te vengo hablando, y más aún te entregaré las claves por medio de las que podrás descubrir cuándo un pensamiento deja de ser saludable y se convierte en ruido.

Ya entendido todo este asunto estarás completamente listo para entrar en materia propia del sistema estoico, por ello en el capítulo cuatro voy a abordar el tema sobre los principios básicos del estoicismo, mismos que debes abrazar en tu vida y poner en practica con el fin de lograr de manera definitiva la felicidad y la superación personal.

Son cinco principios puntuales y muy objetivos pero que además no representan un gran reto para tu vida y de seguro para nadie, son consejos muy fáciles de seguir y los resultados en términos de satisfacción son enormes, solo debes seguir con cautela cada una de las indicaciones que te voy a entregar en este capítulo.

Otro aspecto que quiero que puedas entender a cabalidad es el tema del enfoque, lograr la superación no será para nada posible mientras la mente divague en mil cosas sin nada objetivo, se trata de concentrarse en las cosas que si se pueden cambiar, en las cosas de las que si puedes tener el control. Para darte un breve ejemplo, posiblemente tu temperamento sea algo que no puedes cambiar, pero una gestión eficaz de dicho temperamento puede moldear tu carácter, así que no puedes perder el tiempo luchando contra tu temperamento, es necesario completamente que te enfoque en el aspecto que si puedes trabajar para no perder el tiempo, todo esto lo vas a encontrar en el capítulo cuatro.

Para finalizar el libro te estaré regalando tres capítulos cargados de muchas enseñanzas completamente de la filosofía estoica pero bajo una aplicación cien por ciento contextualizada, no de manera teórica sino práctica, que vas a poder llevar a cabo en tu vida desde el mismo momento que la leas.

En definitiva, "Estoicismo: El camino hacia la superación personal, y el principio de la felicidad" es el libro de superación más importante que podrás encontrar en mucho tiempo, te recomiendo que al empezar a pasearte en sus líneas lo hagas con mucha concentración, toma un espacio exclusivo para su estudio y saca el mayor provecho que puedas de todo esto que te he traído en este volumen único, te garantizo que tu vida nunca más volverá a ser la misma, ¡empecemos!

¿QUÉ ES EL ESTOICISMO Y POR QUÉ ES IMPORTANTE PARA LA SUPERACIÓN PERSONAL?

Bienvenido al primer capítulo, es preciso que en este momento abordemos principalmente todo lo relacionado a este tema tratando de despejar y responder cualquier interrogante que pueda surgir, respecto a una filosofía tan antigua pero que a su vez es tan vigente. Y es justamente este asunto el que hace completamente vital que haga todas las aclaraciones, presta la mayor atención pues ya te explicaré.

Dado que la filosofía estoica es una filosofía que ha sido fundada hace miles de años, puede esto suponer que se trata de una estructura de pensamiento de la que podemos pensar que está ya en desuso, y sus postulados están fuera del alcance de una sociedad tan "avanzada y evolucionada" como la sociedad moderna.

Pero esto sería un verdadero error, y pasar por alto todo el pensamiento de Zenón, y cada uno de los exponentes de la filosofía estoica a través de los siglos, puede resultar perder la oportunidad de encontrar el balance y equilibrio que nuestra vida requiere para alcanzar la felicidad.

¿Qué es la felicidad?

Todo ser humano (o al menos eso es de suponer) se encuentra en la búsqueda del tesoro más preciado, esto quizás pueda representar el fin y propósito de la existencia del ser, "lograr la felicidad". Y es completamente importante que en este momento y antes de entrar en materia haga esta aclaración, y esto porque si la idea que la filosofía estoica es la propuesta para iniciar el rumbo a la felicidad hay que ver entonces a qué me refiero cuando hablo de felicidad.

Primero despejemos algo, ¿es la felicidad un medio o un fin? En esta interrogante se basa el principio de todo este asunto, la felicidad no se trata de un punto de la historia al que llegas, es decir, la felicidad pese a que puede ser uno de los propósitos fundamentales en la vida, no es necesariamente el fin de la vida.

Lo que trato de decir con lo anterior es que la felicidad es un medio, desde luego necesitamos verla como objetivo pero no es el fin de las cosas, si no el medio con el que lograremos alcanzar más propósitos en la vida.

Por todo esto es importante que no caigamos en el error de confundir la felicidad con la alegría, la alegría es una condición emocional pasajera, mientras que la felicidad es un estado de paz continuo, es sentir tranquilidad con nosotros mismos y con el entorno, una vez logrado ese objetivo en la vida será mucho más fácil caminar rumbo a los propósitos que tengamos en la vida.

Aclarado esto anterior, entonces es importante que enfoquemos la mirada en otro aspecto, ¿qué es la superación personal? Y es que de eso se trata todo este asunto, evaluar, entender y conocer el sistema filosófico estoico, como medio de alcanzar la superación personal nos obliga a resolver las inquietudes en este sentido.

Para algunos la superación personal puede consistir en hacer mucho dinero y acumular riquezas en la vida, para otros puede ser lograr un título universitario, y así cada persona puede tener una visión personal sobre este tema, pero, ¿representa todo lo anterior la verdadera superación personal?

Vamos a ver brevemente cuáles son los elementos que deben estar involucrados en la vida para que sea considerado como superación personal.

- En primer lugar la superación personal es la expresión máxima de tus capacidades
- Te ayuda a sentir satisfacción a ti como persona
- Mantienes una relación saludable con tu entorno (aunque no sea del todo reciproco)
- Explotas tus virtudes y capacidades
- Logras tus metas personales
- Cumples con tu propósito en la vida

Pensar de manera tan superficial y creer que la superación personal es hacer riquezas en la vida o alcanzar cosas consideradas socialmente como exitosas, no es más que ajustarse de forma complaciente a los estándares sociales modernos y esto refleja claramente un problema de insatisfacción personal, ya que el propósito de la vida no debe guardar relación con lo que otro piense, sino con lo que es correcto.

Quisiera dar un ejemplo de lo que acabo de decir, en los tiempos en que la esclavitud era algo normal en los países de América o Europa, que alguien quisiera dar estatus de personas con derecho a los esclavos era considerado alguien irracional, en ese tipo de sociedad el estatus lo daba tener esclavos en casa, pero que un individuo dijera "estos esclavos son humanos y merecen la libertad" era considerado un irracional, sin embargo, a pesar de lo que pudiera suponer aquella sociedad, fueron muchos los que dieron sus propias vidas por lograr que se decretara la libertad de todos los esclavos.

Lo que trato de decir es que la superación personal no tiene nada que ver con lo que diga la sociedad, o lo que resulte ser la creencia oficial del momento, la evolución o desarrollo personal está relacionado directamente con lo que es el propósito de tu vida.

En este punto entra en la jugada pensamientos como la filosofía estoica, un medio para centrarte en ti, en tus propósitos y alcanzar la completa felicidad de ser la persona que quizás no es solo la que quieres ser, sino la que debes ser, y que vas a descubrir a partir de hoy.

El estoicismo el origen de la escuela

Entonces nos ocupa una tarea en este momento, y esa es la de comprender lo más ampliamente posible lo qué es el estoicismo, de dónde nace, quién lo propone y cuáles son sus postulados. ¡Avancemos!

Origen de la filosofía estoica

El estoicismo es un sistema de pensamiento que surge a mediados del año 300 a. C su fundador fue Zenón, un comerciante griego seguidor del pensamiento platónico expuesto por su maestro el filósofo Polemón, Zenón, original de Chipre que fuera colonia griega en aquellos años, se trasladó a Atenas (capital de toda la cultura griega para su momento), donde justamente convergían la mayoría de las escuelas filosóficas que predominaban para entonces.

Zenón tuvo contacto con varias escuelas de pensamiento, por ejemplo la socrática, la megarica, la aristotélica y platónica, pero finalmente no encontró lugar en su vida para ninguna de estas por lo que decidió formar su propia escuela, y fue así que comenzó a proponer sus ideas.

El nombre de estoicismo se le da a la filosofía de Zenón como consecuencia del lugar donde este acostumbraba a dar sus lecciones filosóficas, el lugar era conocido como "pórtico Pintado de Atenas", (stoa poikilé) es decir el estoicismo hace mención es al "pórtico" donde Zenón daba sus lecciones.

Pero bien, ya sabemos el origen de esta escuela de pensamiento, que tal si nos vamos por un momento a evaluar cuáles son los postulados que ha propuesto Zenón en medio de su escuela de pensamiento, ya sabemos que hay ciertas influencias como la platónica en su escuela, pero, qué es lo que propone propiamente este filósofo. Como nota importante te adelanto que no solo las propuestas de Zenón son el grueso de las propuestas estoicas, recordemos que luego vienen otros pensadores que dan su aporte personal a esta escuela, pero esto lo veremos luego.

Postulados filosóficos del estoicismo

La filosofía estoica tiene como característica principal dividir su escuela de pensamiento en tres grandes áreas de importancia máxima para estos, en primer lugar "la lógica, luego "la ética" y por último "la física", ahora ¿qué es lo que tiene que decir el estoicismo sobre cada uno de estos?

Sobre lo último quiero aclarar que no pretendo hacer un ensayo sobre estoicismo, sin embargo es preciso regalarte una idea clara de esta filosofía desde sus bases, para poder sacar el mayor provecho de la misma para la aplicación en el hombre moderno, así que veamos un poco sobre cada uno de los tres aspectos básicos en los que está dividido el pensamiento estoico.

La ética: En la escuela de pensamiento estoico se propone la siguiente idea, todos los hechos en los que se encuentra envuelto el hombre son consecuencia de alguna forma de lo que está determinado de forma natural, por lo tanto no hay eventos ni buenos ni malos en sí mismo, sino que todo cuanto ocurre es parte de un propósito pre establecido. De modo que en medio del pensamiento estoico la propuesta está dirigida en la aceptación de nuestro propio destino como algo natural.

La lógica: respecto al conocimiento los estoicos proponen que la virtud es consecuencia directa del saber, de manera que uno de los propósitos del estoico es mantener su constante búsqueda del conocimiento para poder desarrollar las virtudes humanas.

La física: en cuanto a la física este sistema de pensamiento plantea el estudio de la naturaleza, es decir, el mundo físico y sus componentes, pero considerando como parte de esta naturaleza aspectos como los seres vivos (humanos y animales) y además los seres divinos. Todo el cosmos, está relacionado, el universo por tanto, resulta ser algo completamente armonioso y se encuentra perfectamente relacionado por algunas causas, y está regida por un principio activo, es decir un ser universal que es el que lleva el orden de las causas y efectos a nivel universal, aunque el hombre de acuerdo al estoicismo está relacionado y tiene participación con este "logos universal".

Ahora bien, visto estos detalles respecto a la doctrina estoica, quiero que me acompañes a ver un poco cómo es que este sistema de pensamiento nacido al menos tres siglos antes de la era cristiana, pudo tener influencias en sistemas de pensamiento justamente como la cristiana, y la evolución de este sistema hasta el momento es que su última escuela fue cerrada.

Evolución de la escuela estoica

Sabemos que en el paso de los años todo casi de forma natural va sufriendo un proceso, quizás e este caso no podemos hablar de un proceso de transformación, pero desde luego si hay que mencionar que la escuela estoica no escapa de este proceso, aunque en este caso se trate de un ajuste de sus postulados, ya que fueron muchos los grandes pensadores que formaron parte de esta escuela, y que dieron un aporte enorme al sistema de pensamiento estoico.

Por todo lo antes dicho es que la escuela estoica atravesó por un proceso histórico que llevó a dividir su escuela en tres periodos fundamentales, el primero que es la del nacimiento y esta vendría a conformar entonces el estoicismo antiguo, luego el estoicismo medio y por último el estoicismo nuevo, aunque hay un resurgimiento moderno del estoicismo pero esta desde una visión más religiosa, las principales son las que acabo de mencionar.

Estoicismo antiguo

La era del estoicismo antiguo comienza en el relato hecho anteriormente, es decir en el mismo momento en que su fundador Zenón comenzó a dictar sus discursos en el pórtico pintado del ágora de Atenas, a mediados del año 301 a. c y culmina con la muerte de Crisipo quien fuera el principal sucesor de Zenón tras su muerte en el año 261 a. C, de hecho se dice que uno de los personajes más importantes dentro de la escuela estoica es este filósofo, sin el cual no habría sobrevivido la escuela dicha escuela.

Esta era fue la que fijó las bases donde se asentaría toda la estructura de lo que hoy conocemos como el pensamiento estoico, lamentablemente no se cuenta en la actualidad con ningún documento de los que escribiera su fundador Zenón, se puede contar con algunos extractos de sus obras en manera de referencia hecha por otros escritores y pequeñas partículas de sus obra.

Pero uno de los aportes más importante con los que contó la escuela estoica fue justamente uno de los sucesores de Zenón, Crisipo, este fue el que desarrollo todo el canon estoico, en este se dedicó a perfeccionar y organizar de manera sistemática todas y cada una de las enseñanzas de Zenón, es decir que todo el sistema doctrinal de la escuela estoica nació en esta primera etapa y se dio en dos fases: la primera fue los postulados de Zenón, y la segunda seria el trabajo de Crisipo de ordenar y profundizar todo lo hecho por su maestro.

Estoicismo Medio

Muchos historiadores coinciden con la idea que la segunda etapa de esta escuela se inició a partir de la muerte del sucesor de Zenón, Crisipo a mediados del año 208 a. C. Este período fue marcado fundamentalmente por la expansión de la filosofía por todo el mundo mediterráneo, dado el auge que tendría el naciente imperio Romano y todo el proceso comercial que reinaba en este tiempo no fue para nada difícil lograr este objetivo, estableciendo incluso el pensamiento estoico entre las grandes elites del imperio Romano.

Estoicismo nuevo

El último personaje relacionado con el pensamiento estoico de la era correspondiente al estoicismo medio es un importante político de la estructura Romana conocido como "Catón el joven", (dicho así para diferenciarlo de su bisabuelo a quien se le da el nombre de Catón el viejo), la muerte de este icónico personaje sería la que marcaría el fin de la era correspondiente al estoicismo medio, y daría comienzo la nueva era del estoicismo, lo que marca la fecha de partida del estoicismo nuevo el año 149 a. C aproximadamente.

Esta etapa del estoicismo también es conocida como el estoicismo romano, ya que fue el sistema de pensamiento que predominó en las elites romanas, de hecho es tanto así que para este período surgen los más grandes personajes de esta escuela que incluso son los que más resonancia han llegado a adquirir dentro de la escuela de pensamiento estoico en todos los tiempos.

Entre mediados del año 350 a. C y el año 150 d. C se mantuvo en buena forma toda la estructura de pensamiento estoico, sin embargo, su descenso como escuela comenzó dentro de esas mismas fechas, con el surgimiento del cristianismo y su posterior establecimiento doctrinal, muchas de las filosofías helenísticas fueron afectadas, dado a que estas contradecían las doctrinas del cristianismo, de manera que muchas de las escuelas de pensamiento griegas mermaron.

Ya a partir de la muerte de marco Aurelio comienza la decadencia del estoicismo, sin embargo en todo este periodo de tiempo hubo un gran número de personas de renombre que marcaron el sistema de pensamiento de la escuela estoica, por lo tanto quisiera hacer una breve lista de todos los personajes insignes de esta escuela de pensamiento, y algunos de los aportes que estos hicieron al estoicismo.

Personajes iconos del estoicismo

Como acabo de mencionar son muchos los perso-najes que dieron un gran aporte a todo el sistema estoico, sin embargo, no deja de ser cierto que algunos fueron más influyentes que otros, por ello en este apartado quisiera hacer una especial énfasis en esos personajes que marcaron e influyeron de una u otra manera en el sistema estoico en toda su evolución histórica.

Desde luego que no puede dejarse por fuera nombre como el de Zenón ya que este sería el artífice de esta escuela y cuyas doctrinas perdurarían como escuela por casi 500 años, otros de los personajes de esta época de la escuela, son nombres como el ya mencionado Crisipo, quien fue considerado el más importante sucesor de Zenón, pero es importante señalar que de esta época, no sería este el único, sino que otros grandes personajes junto a Crisipo marcaron hito en el desarrollo del pensamiento estoico.

Cleantes de Aso

Respetado filósofo griego quien fuera discípulo directo de Zenón, este emblemático personaje es un ejemplo de constancia dentro de una de las más importantes escuelas de pensamiento de aquel momento, logró iniciar sus estudios de filosofía a los 50 años, sus orígenes remontan a un hombre que se dedicaba a la pelea como deporte, y luego trabajador de la tierra, cuando finalmente logra ingresar a la escuela de pensamiento de su maestro Zenón se convirtió en uno de los más brillantes seguidores del filósofo.

El sucesor de Cleantes resultó ser uno de los alumnos con quien tuvo serias disputas por temas de discrepancia, Crisipo de Solos, además tuvo serias contiendas con los exponentes de otras escuelas de pensamiento como los escépticos, los epicúreos y los platónicos.

Entre los hechos más destacados de Cleantes, se encuentra el haber dividido la filosofía de una manera distinta a la propuesta inicialmente por su maestro, quien plateó la misma en tres direcciones, a saber: La ética, la física y la lógica.

Por su parte Cleantes la dividió en seis partes, "ética, política, física, teología, dialéctica y retórica, de acuerdo a la reseña que algunos escritores posteriores a este hicieran se saben que este filosofo proponía ideas como vivir de acuerdo a la naturaleza para que en consecuencia las acciones del individuo sean correctas, además la visión de virtud planteada por el mismo se enfoca justamente en las obras correctas, mientras que en relación a las riquezas este plantea que está bien, pero que no son necesarias, está perfecto si tienes riquezas o no.

Aristón de Quíos

Nacido en la isla de Quíos, este filósofo quien asistiera a las conferencias dictadas por Zenón, fue uno de los hombres cercanos al fundador de la escuela, sin embargo esto no duró por mucho tiempo, ya que en un punto de la historia entre ambos pensadores hubo serias discrepancias por el tema doctrinal, lo que conllevó a la separación de estos dos filósofos, ya que Aristón rechazó directamente dos de las divisiones dadas por Zenón a la filosofía, básicamente a las dos partes no éticas, es decir la física y la lógica.

Pese a que este personaje es quizás visto como un personaje de poca relevancia debido a que según los registros indican que este terminó por separarse de la escuela estoica, muchos aseguran que en el período en el que abrazó sus ideas fue uno de los más elocuentes oradores y sus discursos fueron causa de que muchas personas adoptaran el sistema de pensamiento estoico como modelo de vida.

Diógenes de Babilonia

Este personaje nació en Seleucia, y fue discípulo directo de Crisipo, director de la escuela estoica y quien tuvo como discípulos a Panecio y Antípatro de tarso, entre los aportes que este filósofo hiciera al pensamiento estoico, se encuentra en el área del lenguaje dividiendo su estudios en tres campos como son: sonido, expresión y palabra, pero además hizo un enfoque hacia la ética.

Antípatro de Tarso

Como acabo de mencionar este es un discípulo directo de Diógenes de Babilonia, también director de la escuela estoica, hizo muchos aportes pero mayormente en la dirección de la escritura, de hecho algunos escritores reseñan que este filosofo tenia algunos conflictos con su propia elocuencia, por lo que en lugar de enfrentarse como muchos de sus antecesores a los debates públicos, enfocó sus esfuerzos hacia la escritura, evitando la confrontación personal con otros defensores de doctrinas distintas.

Estos son los personajes principales de esta filosofía viéndolo desde sus bases, sin embargo, existe un número mucho más grande de pensadores y filósofos que hicieron aportes importantes a esta escuela de pensamiento, por ejemplo y como ya he mencionado dentro del contexto romano muchos nombres resaltan cuando tratamos sobre el tema del estoicismo, personajes como Séneca, Epicteto y Marco Aurelio que si bien no son los únicos en realidad han sido estos los más influyentes filósofos estoicos de la era del estoicismo nuevo.

Hemos hecho un recorrido suficientemente amplio o al menos lo necesario en lo que se refiere al estoicismo, sin embargo, no es mi intención perder el enfoque en asuntos meramente intelectuales, no se trata de un estudio propiamente del estoicismo, sino que quiero que podamos aplicar los principales fundamentos de la filosofía estoica al aquí y ahora, todo lo anterior estaba direccionado a poder entender que es el estoicismo y de donde viene.

Sin embargo la pregunta más importante en este momento es, ¿cómo una escuela filosófica de la antigüedad que al parecer había estado desaparecida, puede tener algún tipo de influencia e mi felicidad?

Superación personal

No podemos perder de vista que todo el enfoque debe estar en una sola cosa, "la superación personal", para poder llegar a la conclusión de cómo superarnos como personas en esta vida, evidentemente tenemos que tener en claro cuáles son esas cosas que detienen el avance del crecimiento personal, desarrollar todo nuestro potencial y nuestras capacidades es algo que todos podemos llevar a cabo para alcanzar la satisfacción plena como personas pero ¿que nos detiene? Algunos de los principales obstáculos que detienen el avance y el crecimiento personal son los siguientes:

- La excesiva preocupación por el fracaso
- El descontrol emocional
- La pérdida de tiempo
- La falta de valores
- El desespero o desesperanza

Quizás hayan otros elementos que sean causantes directos de que una persona se detenga en el crecimiento de su vida, sin embargo, estos que acabo de mencionar pueden perfectamente perfilarse como las principales causas, en esta dirección es que la escuela estoica nos ofrece toda la ayuda que se requiere, pues justamente dentro de sus postulados encontramos ideas que nos pueden brindar la orientación adecuada para superar estas situaciones.

De alguna manera todos estamos interesados en evolucionar, más allá de lo que esto pueda significar para cada uno de nosotros lo cierto es que todos deseamos alcanzar la plenitud, la verdadera razón por la que estamos en este mundo. Pero insisto, sin importar qué es lo que significa esto en la mente de cada uno de nosotros (pronto lo aclararemos), muchos dejan de caminar en pos de su propósito en

la vida, en consecuencia suelen vivir en varios sentidos, o bien un estado de conformismo, o una constante sensación de fracaso.

La superación personal

Al inicio de este capítulo ya he mencionado algunas
de las características fundamentales que conforma lo
que debería considerarse como superación personal,
vamos a retomar por un momento un poco más
sobre esto.

Es la expresión máxima de tus capacidades: ya lo
dije antes, todos nacimos con ciertas capacidades,
con talentos y virtudes, no obstante, aunque
tengamos una inclinación natural e innata hacia
dichos elementos, estos deben ser desarrollados. El
desarrollo como persona tiene necesariamente que
ir en dirección del desarrollo de tus capacidades, el
caso contrario sería navegar contra la marea.

Te ayuda a sentir satisfacción a ti como persona:
Desde luego que cumplir los propósitos de vida es
igual que lograr la satisfacción como persona, dicho
de otra manera, sabrás que estás haciendo o
cumpliendo los propósitos de vida en la medida que
te sientas complacido con tus acciones.

Mantienes una relación saludable con tu entorno:

En este aspecto quiero aclarar algo, hacer lo correcto no necesariamente sea lo más agradable para algunos, por ello la relación saludable a la que me refiero no se trata de complaciente, saludable se enfoca más en justicia, es decir lo correcto es el deber aunque no todos estén de acuerdo, en eso consiste la armonía a la que me refiero.

Quisiera hacer una analogía que ayude a esclarecer un poco más este asunto, un ejemplo maravilloso es el caso de aquel que tiene capacidades naturales para juzgar, es decir ha desarrollado un nivel de intuición, al igual que un nivel de análisis y de investigación interesante, de manera que ocupa el cargo de juez, su veredicto final no tiene que ser necesariamente del agrado de todos, pero es la justicia y esta debe prevalecer.

Finalmente lograr el desarrollo y la evolución como persona debe tener otros elementos que mencioné antes. Los primero es poder encontrar que las virtudes y las capacidades que han venido en tu vida de manera natural son explotadas en su máxima expresión, pero además logras las metas que van en dirección a cumplir los propósitos de tu vida.

Y hablar de la meta va más allá de un aspecto estrictamente financiero o que incluyan de alguna manera el ego, se trata de descubrir el papel que has venido a jugar en este planeta y hacerlo como es debido hacerlo, por ejemplo, si una mujer particular tiene como objetivo criar dos hijos para convertirlos en dos ejemplares ciudadanos, debe cumplir su labor, quizás no le deja riquezas financieras pero deja otro tipo de riquezas. Ahora imaginemos que otra nació para conquistar el espacio o para la medicina y hacia allá se enfoca, debe cumplir a cabalidad con su propósito y vivir según cada una de las características de su propósito.

En conclusión, la escuela estoica pese a su antigüedad plantea una serie de principios que vamos a estudiar a lo largo de este volumen, apenas estamos empezando, en lo sucesivo, vamos a comenzar a ver cómo es que el pensamiento de la escuela estoica puede hacer parte del pensamiento moderno y ayudarnos a encontrar nuestro propósito y a su vez encaminarnos hacia la felicidad.

2

PENSAMIENTO POSITIVO

Este capítulo lo quiero enfocar en un aspecto importante, el pensamiento positivo, esto viene a ser la resolución de los últimos aspectos que vimos del capítulo anterior, o sea, para lograr la superación personal hay que evaluar y alcanzar este elemento que vamos a ver en este capítulo.

Lograr los objetivos que nos hemos trazado en este vida requiere de algunos ingredientes importante, este ingrediente es el enfoque, pero junto al enfoque debe haber la creencia de que realmente se puede lograr aquello que se ha dispuesto, sin embargo, ¿cuánta garantía hay en que lo que te has propuesto llegará a buen término?, en consecuencia es importante hacer un buen enfoque sobre lo que se refiere al pensamiento positivo.

Por otro lado está el factor enfoque que también requiere un buen análisis, y esto justamente porque nuestro sistema de vida moderno nos mantiene atados casi de manera irremediable a un estilo de vida cuya característica es mantener un nivel de ruido en nuestra mente realmente aturdidor, lo que hace que la visión sea poco clara, no obstante este asunto lo estaré tocando con mayor amplitud en el capítulo que sigue.

Pensamiento positivo Vs objetividad

Quiero que evaluemos principalmente el tema sobre el pensamiento positivo, no quiero parecer que estoy haciendo apología de la negatividad, pero es completamente necesario que adoptemos una posición clara sobre este asunto.

Nuestras acciones y nuestra manera de vivir la vida suele ser el resultado directo de lo que nuestros pensamientos y sentimientos ordenan, en este sentido tener una perspectiva de cualquier cosa es una forma de crear el enfoque correcto hacia esa cosa, pero existe un peligro latente en hacer del tema del pensamiento positivo toda una doctrina moderna, y esto lo que puede ocasionar son algunos paradigmas y ciertos vicios que resultan dañinos para el individuo.

El pensamiento positivo es aquella "filosofía" que sugiere mantener siempre una mentalidad enfocada en las cosas buenas, no pensar en lo malo pues finalmente lo bueno o lo malo que mantengas en tu mente serán las que atraerá.

Ahora bien, vamos a analizar este pensamiento y evaluemos que tan real es eso y cuánto de ilusorio puede haber en estas ideas.

Como ya he mencionado antes, muchos de los resultados que podemos obtener en algunas de las cosas que nos planteamos en la vida desde luego que pueden estar determinadas por lo que pensamos, quiero que lo veamos más claro, un pensamiento genera un sentimiento, y este a su vez genera un estado de ánimo, ese estado de ánimo muy probablemente generará una acción, y esa acción (que ya viene marcada por todo el proceso anterior) será la que dará el resultado final.

Entonces asumamos que vas a iniciar una carrera universitaria, pero desde que estás por inscribir tu carrera, ya estás convencido que no hay manera de lograrlo, que es sumamente difícil, estás condicionando tu mente, en consecuencia todo lo demás vendrá como una reacción en cadena, y finalmente fracasarás. Por esto es que se hace necesario tener una mentalidad positiva, de confianza en ti mismo y saber que en realidad si se puede, de manera que enfoques todas tus fuerzas en función de ese objetivo, las probabilidades de que alcances tus metas son muy altas.

A todo lo antes dicho no podemos quitarles una probabilidad muy importante, "pueda que no lo logres", siempre recuerdo aquella triste historia del novel de la literatura Gabriel García Márquez "El coronel no tiene quien le escriba", toda la confianza del coronel estaba puesta en la pelea del gallo que le dejó su hijo, llevaba meses de entrenamiento preparando al gallo para la pelea que finalmente lo libertaria de la vida de miseria que estaban llevando, todo giraba en torno al gallo, esto duró solo hasta que la esposa le dijo "¿y si pierde?".

Es que perder es parte de la vida, se gana pero se pierde, se disfruta, pero se viven momentos de dolor, entonces no hay manera de que ningún pensamiento positivo ni ninguna idea ultra poderosa cambie algunas realidades, desde luego que hay probabilidades muy altas de obtener resultados positivos si vas con la actitud adecuada, pero insisto no es garantía.

Una mejor perspectiva del pensamiento positivo

En esta dirección quisiera que podamos ver el pensamiento positivo desde una óptica más equilibrada, ya he dejado claro que ser desmedidamente positivo puede tener su punto en contra, sin embargo, mantener una mente en paz, una mente despejada, puede ser una manera más idónea de ver todo este asunto.

No se trata de mantener una fijación en tratar de ver todo como algo bueno, o pensar "nada es malo", lo más sano que puede suceder con todo este asunto es tener una relación más saludable con la realidad, es decir vivir cada una de las emociones basadas en cada situación particular y superarlas, no quedarse atascado en la idea del dolor, o en la falsa alegría, en realidad lo contrario a eso es perjudicial para la salud emocional.

En consecuencia de todo lo antes descrito es momento de ver cómo es el modelo adecuado de una mente positiva, y de esta manera tener una mejor manera de ver la vida, así que vamos a ver en este momento las 5 leyes de una verdadera mente positiva.

Primera ley: No bloquees los sentimientos

Esto guarda una estrecha relación con la idea de felicidad que ya en el principio de este volumen te mencioné, si encontramos que la felicidad no es una emoción, quiere decir que los episodios duros de la vida no tiene que ser negativos si se ven de manera objetiva.

La verdad de este asunto es que la modernidad con fines de mercado y comercio, nos ha vendido la felicidad como un estado que se adquiere gracias a la adquisición de cosas o el logro de objetivos, y esto no es del todo cierto, los anteriores podrían ser consecuencias de la felicidad, o en su defecto sencillamente un hecho particular y aislado de la vida, pero no necesariamente deben significar la felicidad.

Ser feliz es lograr tener una vida consciente, (una mente despejada) y vivir con la tranquilidad de saber que el universo está ordenado de manera idónea para que los acontecimientos debidos ocurran para los fines que el mismo universo a trazado, aunque pueda suceder que no tengamos una perspectiva clara de lo que está aconteciendo y podamos juzgar los hechos como buenos o malos de acuerdo a nuestra forma humana de juzgar las cosas.

Para graficarlo de alguna manera, quisiera contarte una corta anécdota, Martha, una linda chica de provincia de apenas 16 años de edad, manejaba su bicicleta en la tarde por su cuadra mientras llevaba con ella a Rita, su vecina, en un momento de su paseo no se percató que un perro de algún vecino se escapó, al darse cuenta que esto estaba sucediendo aceleró sin fijarse de dos detalles importantes: el primero que la bicicleta no tenía los frenos en buen estado, y por otro lado la calle que se presentaba frente de ella era una pendiente muy inclinada que culminaba con una curva completamente cerrada.

El resultado fue desastroso, el golpe y la herida de ambas fue tan severo que fue necesario ir hasta el hospital central de aquel departamento, donde se le prestó atención médica especializada en traumas, todo aquello fue una verdadera tragedia.

Sin embargo lo que muchos no sospechaban es que la verdadera tragedia pudo ocurrir de no haber sucedido aquel accidente, Martha quien había sufrido problemas con la alimentación desde muy pequeña estaba sufriendo una anemia muy severa, lo que pudo haberle causado muy fuerte complicaciones, y gracias a los análisis de dicho accidente se pudo detectar a tiempo antes que esta condición desembocara en peores males.

Entonces no está mal percibir el dolor, no está mal reconocer que hay una situación por la cual hay que detenerse a pensar por un instante y evaluar todo lo que ha pasado, pero juzgar los eventos por si solos de buenos o malos puede ser un grave error.

Segunda ley: Saca provecho de los momentos difíciles

Como he manifestado en el punto anterior la felicidad no debe estar sujeta solo a momentos alegres, la felicidad condicionada no sería del todo felicidad, la felicidad plena está cuando puedes lidiar con estas situaciones, entonces no solo es que está bien llorar en el momento que sufres una perdida amorosa, o un fracaso, sino que en algún momento esto es completamente necesario, lo que no está bien es estancarte en ese dolor por mucho tiempo.

Aunque pueda costar algo creerlo o verlo de manera objetiva para algunas personas, el dolor es necesario, un guerrero jamás puede ser formado disfrutando de jugar en un lindo jardín, un guerrero se forja en las luchas, en las batallas tanto ganadas como perdidas.

Viendo la felicidad desde la óptica del placer que genera un estado de paz, podemos hacer una mejor evaluación de lo que estoy explicando en este momento, asumamos que hemos llegado a la felicidad, estamos en paz absoluta, pero además no hay adversidad que se presente, no tienes deudas, tu familia está completamente saludable y gozas de buena economía.

Esta condición que acabo de describir (que sin duda es idónea) puede llegar a dejar de percibirse como felicidad, sino como algo rutinario, te contaré una anécdota. La primera vez que viaje solo (sin compañía de mis padres) fue en una excursión del colegio, en el itinerario estaba incluido tomar un bote para pasar un día completo en una pequeña isla a un aproximado de una hora aguas adentro de la playa.

El timonero, que nos dejó en el lugar para seguir cargando pasajeros nos indicó que la hora del regreso estaba pautada para las 5:00 pm, no obstante a las 3:00 pm este se encontraba de vuelta por nosotros, no explicó que el mar estaba "revuelto" y que se pondría peor, por lo tanto lo mejor sería volver cuanto antes. La experiencia que vivimos a continuación no la olvidaría nunca en la vida, sobre todo porque no tuve jamás una buena relación con el mar, de hecho quizás para algunos no fue tan importante, lo vivieron como una experiencia de aventura, mientras que yo cada vez que el bote, producto de las inmensas olas quedaba suspendido en el aire, cerraba mis ojos y lloraba sin remedio aprovechando que las lágrimas se confundía con el agua que corría por mi cara.

Todo aquello solo fue un susto que luego paso a ser solo la anécdota más divertida del viaje, pero algo particular que recuerdo de toda esta experiencia es lo que papá me dijo al contarle lo sucedido, "esas cosas son necesarias para recordar que estamos vivos".

No es que andemos en buscas de adversidades para saber que estamos vivos o que somos felices, pero es el dolor que nos ayuda a mantener una buena relación con la felicidad, saber que la plenitud que estamos viviendo es preciso valorarla.

Sin embargo no es esta razón la única razón que hace incluso necesaria la adversidad, el placer de la felicidad es algo que aumenta cuando son superadas satisfactoriamente, de hecho estudios han demostrado que pese a que el dolor no es algo que dé satisfacción, el estado de gozo que se puede percibir tras superado el dolor, puede ser mayor que el estado anterior a dicho evento doloroso.

Una de las maneras de fortalecer lazos sociables es sorprendentemente en medio del dolor, las personas suelen establecer mayor empatía por aquellos que están atravesando momento difíciles, por lo que muchos de los lazos que incluso existieron y estaban rotos se vuelven a unir en medio de los momentos más dolorosos.

Tal como en el caso de la joven Martha, el sufrimiento no tiene por qué ser algo completamente negativo, de hecho solo lo será a la medida que te limites a tener una panorámica cerrada de la situación, cuando logras verlo más objetivamente encontrarás de seguro los beneficios que acabo de mencionar.

Tercera ley: No te quedes en el dolor

Sí, es necesario, pero sobre todo inevitable, todos alguna vez en la vida vamos a atravesar momentos difíciles, algunos con más "normalidad" que otros, pero todos tarde o temprano tendremos que lidiar con fracasos laborales, educativos, vamos a enfrentarnos a un desacierto empresarial, o vivir la pérdida de un ser querido, salvo aquellos que parten de la tierra muy rápido, esto es una regla que no vamos a poder evitar.

Pero ya hemos visto en la primeras dos leyes que se puede tener una relación diferente con el dolor, pero algo importante es que no debes estancarte en ese estado, no puedes permanecer mucho tiempo atado al dolor, el dolor hay que percibirlo, recibirlo, aceptarlo y dejarlo ir, de lo contrario esto en lugar de ser una oportunidad para aprender en la vida, se convertirá en una verdadera barrera que detendrá tu avance.

Cuarta ley: Avanza pese al dolor

Una de las frases más celebres en el mundo artístico de hecho popularizada por el cantante y actor francés Charles Aznavour es "el show debe continuar", la felicidad radica en dejar atrás lo que debemos dejar atrás, asumir todo el aprendizaje que podamos de cada una de las experiencias de la vida pero soltar esas circunstancias, alguna vez un viejo amigo de la universidad me dijo, "la muerte es parte de la vida" y es la verdad, (quiero tomar este ejemplo por ser una de la situaciones más difíciles que todos vamos a experimentar alguna vez en la vida).

Entonces es importante dar el valor que la perdida tiene, pero no se puede olvidar que quien se fue terminó con su carrera, pero corresponde a los que seguimos aquí continuar la nuestra hasta que llegue el momento de partir, así considera esto como una de las principales claves para ser feliz, continúa aunque el dolor sea fuerte.

Quinta Ley: Agradece por el simple hecho de vivir

No hay mucho que decir en este sentido, la vida es un cúmulo de todo tipo de situaciones que van a suceder nos guste o no, de manera que debemos aprender a manejar una actitud adecuada respecto a esto, la actitud de agradecimiento es una de las mejores medicinas contra el dolor, ser agradecidos genera un impacto en la psiquis de las personas, y sobre este asunto quiero hablarte por un momento.

La gratitud te convierte en alguien paciente

Esto no es solo una percepción empírica, de hecho serios estudios llevados a cabo por la Northeastern University han mostrado que aquellos que mantienen una actitud agradecida son personas que desarrollan más paciencia, el estudio puso a prueba a 105 estudiantes de pregrado de la siguiente manera:

A los mismos se les pregunto si querían recibir una suma de dinero en ese momento, o preferían una suma superior más adelante. Estos mismos estudiantes habían sido puestos a prueba en otros experimentos para medir el nivel de agradecimientos de unos y otros, pues aquellos estudiantes que en los experimentos anteriores habían mostrado mayor gratitud fueron los que en este aceptaron esperar un poco más para recibir la mayor suma de dinero.

Por lo tanto se demostró que las personas agradecidas no solo son más pacientes, sino que mostraron buen nivel del autocontrol.

La gratitud puede mejorar tus relaciones sociales

Se ha demostrado que aquellas personas que suelen ser agradecidas generan mayor reacción de empatía, recientemente pude ver una situación que demostraba la realidad de esto que estoy planteando ahora, en cierto foro por medio de internet pude ver como algunas personas que se encontraban en un país X (me reservo el nombre por asuntos de ética) en condición de inmigrantes, se estaban quejando de forma radical por elementos propios de dicho país con la que estos no estaban de acuerdo.

Por esta razón desde luego que las respuestas de los habitantes originarios de dicho país no se hicieron esperar, todo se convirtió en un caos, ofensas de lado y lado y cualquier tipo de improperios. Pero en medio de la crisis una persona apareció dando su opinión y agradeciendo a los habitantes de este país por haberles dado la oportunidad de vivir allí, de inmediato las ofensas cesaron y este sujeto comenzó a recibir palabras de afecto por aquellos que hace un momento atrás estaban casi dispuestos a ir y sacar a los inmigrantes con sus propias manos.

Pero no solo se limita a este plano, en tema de relaciones de pareja es igualmente muy beneficioso, las parejas que muestran gratitud el uno para el otro de acuerdo a la observancia de estudios realizados por la universidad estatal de La Florida en este sentido, resultan ser más sólidas y duraderas.

En conclusión debes ser agradecido, esto garantiza felicidad ya que esto es la dirección correcta y verdadera del pensamiento positivo, ha quedado demostrado de esta manera que ser positivo no es cerrar los ojos ante la adversidad, sino mantener una buena actitud a pesar de la adversidad, nada va a evitar que acontecimientos difíciles lleguen a nuestras vidas, pero el resultado que podamos encontrar de esas adversidades estará irremediablemente condicionada por nuestra actitud.

He demostrado así que no tiene que ver con un especie de ritual "positivista" repitiendo algún tipo de mantras pseudo motivadores que harán que encuentres resultados casi mágicos en tus anhelos, la verdadera mentalidad positiva está fundada en la buena relación que puedas tener con tu vida y todos los acontecimientos que en ella vas a encontrar.

Pero no queda solo en esta idea planteada a lo largo de este capítulo, esto incluye un elemento que quiero que veamos en el capítulo que viene a continuación.

3

CLARIDAD MENTAL: ELIMINA EL RUIDO DE LA MENTE

En el capítulo anterior te expliqué la manera de ver el tema del pensamiento positivo, pero lograr un estado de paz y de superación personal, esto requiere de un requisito adicional a lo que ya he venido mencionando, es el tema del ruido que la mente del hombre moderno (aunque no sea una característica propia de la modernidad sino de la misma condición humana).

El sistema de pensamiento estoico entre sus ideas y postulados poseen una buena observación de este asunto, en esta dirección dice la escuela de pensamiento estoico que al controlar nuestras percepción podemos obtener claridad mental.

¿Qué es la claridad mental?

Te ha pasado que alguna vez tu oído se agudiza tanto (sobre todo cuando necesitas concentrarte) y comienzas a escuchar todo cuanto hay a tu alrededor, oyes la conversación que está teniendo tu jefe con la secretaria, el teléfono de la oficina de al lado que repica sin parar, el rechinar de la fotocopiadora cada vez que imprime una página, los ruidos de los vehículos que entra por la ventana proveniente de la calle, es un asunto realmente desesperante.

Todo lo que te acabo de decir antes es una forma muy clara de comparar lo que es el ruido mental, desde luego en este caso no se trata de un ruido perceptible al oído, sino que todos los elementos de este ruido están en la mente, y conforman el ruido mental, por lo general se tratan de ideas o conceptos que son negativos aunque pudieran estar disfrazado de otra cosa, y eso es lo que quiero despejar en este momento.

Estas ideas, pensamientos, conceptos, que suenan en nuestra mente puede que parezcan de una naturaleza sino buena necesaria, pero en realidad son absolutamente negativas y limitan tu progreso en la vida, quiero hacer una lista de los principales ruidos que encontramos, que llegan a la mente con apariencia de lógico pero que hace un daño al avance y progreso de la persona.

Exceso de preocupación

Este es el primero y seguramente más recurrente ruido que suele haber en la mente de las personas, aunque puede que sea una característica propia del ser humano, en el hombre moderno es que puede darse con mayor ahínco, y esto justamente por la cantidad de afán que como sociedad tenemos.

Cada período y cada tiempo de la historia puede que haya tenido su propio afán, pero en los tiempos modernos contamos con un exceso de afanes, estamos en la era más materialista de todos los tiempos en el que el sufrimiento más claro que hay en la humanidad moderna es el tema de "poseer". Puede ser bienes materiales, estatus, posiciones, etc, y el complejo de no tenerlo, junto al temor de no lograr adquirirlo ocupa de manera grotesca la mente del hombre moderno.

Pero no solo este asunto es lo que genera mayor preocupación, sino que hay un terror por cualquier tipo de circunstancias, basta con ver las noticias al menos 10 minutos para levantarte del sillón con una crisis de nervios, guerras, ladrones, asesinos, violaciones, banca rota, fin del mundo, virus mundial, y pare usted de contar todo aquello que ocupa de manera desesperante la mente de las personas en estos días. Este es uno de los más grandes ruidos que puedes encontrar en la mente del individuo.

Tratar de predecir el futuro

Esto más que ruido suele ser un verdadero escándalo, ante lo dicho anteriormente muchos están preocupados por saber o descubrir que es lo que va a suceder, esto es la consecuencia directa de la necesidad de callar el ruido que hay en la mente, (por esto dije que algunos ruidos tienen disfraces).

Sin embargo, aunque trates de silenciar toda esa bulla que hay en tu cabeza tratando de adivinar cuál será el fin de todo lo que te preocupa, te tengo malas noticias, esto solo hace más ruido en tu cabeza, no alivia nada, por el contrario lo empeora todo.

Desarrollo de un estado de impaciencia

Primero un alto nivel de preocupación, esta preocupación va a desencadenar un deseo insaciable de conocer el futuro, pero como evidentemente el futuro nunca lo vamos a saber, surge en consecuencia un estado de impaciencia atroz en la vida del individuo, ya no se trata de los acontecimientos finales de lo que en termino general me preocupa, (cómo cerrara el año la economía del país, o cuándo cesará el virus que azota a la sociedad) esta se traslada a asuntos muy puntuales y específicos que en otro caso pueden ser completamente banales.

Un ejemplo de lo anterior voy a graficarlo de la siguiente manera: el esposo que llama a casa para saber de su esposa, ya que este hombre quien al salir para el trabajo notó que su esposa tenía algo de calentura producto de una simple gripe, sin embargo, esta justo se encuentra en la ducha y no escucha el teléfono, el esposo vuelve a llamar con insistencia, llama al número fijo de la casa y no recibe respuesta, esto desata una crisis porque necesita saber de manera inmediata qué pasó con la esposa.

Todo el nivel enorme de ruido mental que está enfrentando el esposo lo lleva a imaginar los escenarios más espantosos, esto es producto del ruido "impaciencia", pero aún hay más ruidos por evaluar, ¡sigamos viendo!

Exigir demasiado de ti

Hay que tener una especial cautela con este ruido en particular, ya que ser exigentes con nosotros mismos puede ser una gran virtud lo mismo que un gran ruido mental, ¡me explico!

Está bien que cada día queramos evolucionar hacia un mejor nivel de desarrollo en la vida, por lo tanto cada vez que nos trazamos una meta o tengamos un propósito en la vida es algo muy bueno que seamos altamente exigentes con nosotros mismos en aras de alcanzar la excelencia como personas, no obstante, la exigencia "ruido" a la que hago referencia en este momento se refiere a ese nivel de critica que muchas personas se pueden auto infligir, no sentirse satisfecho con sus propios logros y mantenerte en un estado constante de crítica, ideas como: "pude hacerlo mejor, soy muy lento, soy un tonto, lo que él hizo quedó mejor que lo que he hecho yo", y pare usted de contar los distintos ruidos que en esta dirección pueden haber en la cabeza de una persona, esto es muy peligroso.

Complicarse demasiado

Este es otro enfoque que causa un exceso de ruido en la mente de muchas personas, me refiero específicamente a las ideas limitantes que hay en muchas personas, estas ideas de las que hablo están dirigidas de manera directa a considerar que todo es difícil, "eso no se podrá hacer", incluso de pensar que es imposible.

Esto es fundamentalmente el estado de negatividad que afrontamos en el capítulo anterior, muchas personas suelen encerrarse en una especie de burbuja de la que no quieren salir, ya que están completamente convencidos que no es necesario tratar de emprender algún tipo de proyecto o emprendimiento en la vida, ¿y por qué sucede esto?, básicamente han desarrollado la cualidad por una serie de circunstancias variadas de creer que no cuentan con las capacidades para lograr aquello que se propongan.

Este ruido va de aliado de ideas como que: "los que lograron cosas sorprendente (o no tan sorprendente) en la vida es porque nacieron con algún tipo de don especial que les permitió hacer lo que lograron hacer, o tener lo que lograron tener", pero nunca le adjudican los logros al esfuerzo en primer lugar, y por otro lado las capacidades intrínsecas que tenemos todos los seres humanos de lograr todo aquello cuanto nos proponemos.

Por lo anterior prefieren no hacer nada, no se esfuerzan por ejercer una profesión, por prepararse en un arte o aprender un deporte que los convierta en especialista, pero más aún en algunos casos pueden sentir la pasión, pero la creencia de que no podrán lograrlo los llevará de manera casi irremediable a mantenerse en un estado de estancamiento que no tendrá salida de no obligar a que esos sonidos que aturden tu mente hagan silencio.

Por el momento solo me limitaré a señalar estos cinco particulares, pero seguro estoy que hay muchos que se suman a esta lista que acabo de hacer, pero corresponde a cada uno evaluar cuáles son los ruidos que están desviando tu vida de la realización personal.

Es posible que los ruidos mentales que restan claridad se mantengan rondando nuestra cabeza por siempre, es iluso pensar que en algún momento de nuestras vidas no seremos objeto de esa serie de pensamientos o preocupaciones que traten de distraernos, no podemos aislarnos completamente de este tipo de realidades, pero si es posible que sepamos controlar esta situación y no permitir que estas ideas encuentren habitación fija, solo debe ser algo pasajero.

Peligros del ruido mental

Quisiera que me acompañes a realizar una evaluación de lo siguiente, ¿cómo puede afectar a nuestras vidas no tener claridad mental? Esto es fundamental, quiero que juntos podamos ver lo que realmente pasa o puede acontecer en la vida de una persona, que es constantemente acosado por esta cantidad de ruidos que se alojan en la mente, elevar el nivel de conciencia en este sentido ayudará a fortalecer la determinación que podemos tener de superar esta situación y lograr la claridad mental.

Angustia y ansiedad

Para poder entenderlo mejor, es preciso que evaluemos más de cerca este término, hablar de ansiedad se refiere a un estado emocional de alerta causado por la impresión de podernos encontrar ante una posible amenaza, la angustia, como mecanismo de defensa de nuestro organismo es un efecto maravilloso, ya que este es el que va a preparar todo nuestro sistema de defensa para sobrevivir ante la presencia de una situación peligrosa, hasta ahí va muy bien.

¿Pero qué pasa cuando hay ansiedad sin que haya ningún peligro?

Esto es justamente el gran problema que representa para la salud emocional, el tema de la ansiedad ante la posible aparición en forma de ruido mental, suena como a "cazador cazado", es decir, un mecanismo de defensa del cuerpo que debería librarnos del peligro, pasa a ser el verdadero peligro, es que ante la presencia de pensamientos constantes como la eterna preocupación por el futuro, por los peligros, por las noticias, por el virus, y por cualquier cantidad de ruido que se mantiene rondando la cabeza, y de darle cabida a esos ruidos la mente entra en un constante estado de paranoia en el que verá por todos lados una amenaza.

Y esto no es algo que deba tomarse con frivolidad, la verdad es que entrar en este estado es una situación realmente peligrosa para el ser humano, para poder entenderlo mejor es importante ver cómo se comporta nuestro organismo ante la presencia de estados emocionales como los que estoy mencionando.

El estado de ansiedad tiene como efecto que acelera el ritmo cardiaco, esto con el objetivo de enviar la mayor cantidad de sangre a nuestras extremidades, el motivo es favorecer la posibilidad de ejercer una acción de defensa o de escape ante la posible amenaza, aumenta los niveles de azúcar en la sangre, y desde luego los niveles de insulina, se desata una reacción de liberación de una serie de hormonas como el cortisol que entre otra cosas es el motor número uno para generar estados de estrés.

Imagina solamente que una persona que en su mente se mantenga alimentando este tipo de sensaciones y que su organismo este generando este tipo de reacciones constantemente, no hace falta ir a un especialista para recibir un diagnóstico médico, sabemos que habrán afecciones al nivel del corazón, imagina el caso de una persona con diabetes, los niveles de azúcar por el cielo poniendo así en peligro la vida.

Pero no solo en caso de personas diabéticas, de la misma manera, aquellos que no padecen este tipo de patología los niveles de azúcar elevados desatan una serie importante de complicaciones, entre otras el aumento de los niveles de grasa en el organismo, sobre todo a nivel de abdomen y la conocida grasa visceral que tan perjudicial resulta.

No cabe la menor duda entonces que dar paso a ciertos tipos de ruido mental, es la ocasión perfecta para poner nuestra salud en peligro. Pero en realidad apenas estamos comenzando.

Los ruidos mentales daña la autoestima

La imagen que tengamos de nosotros mismos va a

estar determinada por lo que creamos igualmente de nosotros, y las creencias desde luego son ideas y pensamientos consecuentes alojados en la mente, si cada día estás pensado que tal o cual cosa de ti está mal, si permites que el ruido en tu cabeza se mantenga enfocado en un pensamiento recurrente que no tienes el talento, que no eres capaz, que otro lo hace mejor que tú, los efectos que estos pensamiento ocasionarán en tu mente no tienen absolutamente nada que ver con algo provechoso.

Todo lo que vas a lograr conseguir de todo eso es que cada día tengas menos confianza en ti mismo, y de manera casi irremediable terminarás por encerrarte en el mundo del "no puedo", esta situación entre otras cosas limita todo tu potencial, ya que te hace creer a punto de convencerte que no hay manera de ser mejor, así que estas personas se terminan por encerrar de manera definitiva en su zona de confort, o como lo pueden ver mejor "la zona segura".

La falta de claridad mental es un constante generador de depresión

De hecho este puede ser consecuencia de lo que acabo de mencionar antes, sin embargo, no es eso lo único que puede generar depresión cuando de ruido mental se habla, por ejemplo una persona que mantiene un estado mental de constante preocupación por lo que pasó, por lo que puede pasar, por lo que es o no es capaz de hacer, al igual que una persona que ha bajado sus niveles de productividad y su estima personal, tarde o temprano termina por convertirse en víctima de sus pensamientos y entrar en un estado preocupante de desazón, y en consecuencia se convierte en víctima de la depresión.

Ahora bien, en el mero hecho de la depresión pueda que no radique algún peligro, este peligro está fundamentalmente en los efectos que desencadena esta condición en las personas, vamos a verlo más de cerca, ya que la depresión no se trata simplemente de un estado emocional visible desde lo externo, sino que esto puede tener un impacto muy marcado en el interior, incluso en la salud.

Pérdida del sueño

Un estado depresivo tiene la tendencia de aislar a la persona en una sub-realidad a nivel mental, de manera que constantemente puede estar sumergido en los pensamientos que genera el estado de depresión, convirtiéndose así en un círculo vicioso, de esta manera es muy probable que se descontrolen los patrones del sueño y termine así por perder el sueño.

Pérdida del apetito sexual

Este es otro de los duros efectos de este flagelo en la vida de las personas, no solo bajo el tema de la depresión en sí misma, sino que en aquellos casos de personas que por la depresión tienen la tendencia a medicarse, la complicación en esta dirección puede ser peor, de manera que no solo afecta la salud de la persona sino que esto afecta incluso la vida social y familiar.

Debilita el sistema inmunológico

Por ultimo quiero señalar este problema, ya que dentro de esto va implícito todos los riesgos a los que se puede ver una persona sometida cuando no tiene un sistema inmune fortalecido, la posibilidad de contraer cualquier tipo de enfermedad es una opción sumamente elevada.

Los ruidos mentales limitan tu crecimiento personal

Caminar rumbo al desarrollo personal solo será una ilusión a la medida que no se dé la importancia que realmente tiene la claridad mental, muchas personas suelen pensar que los ruidos mentales son compañeros con las que se puede andar por la vida, pero a manera de conclusión sobre este asunto es importante destacar que para lograr los objetivos que han sido trazados a partir de este libro, a saber, la superación personal y la felicidad, solo será una verdadera posibilidad a la medida que se pueda callar la mente.

Pero ¿qué significa lograr el silencio en la mente? Indudablemente nuestra mente siempre está reproduciendo información, imágenes, ideas, conceptos y pare usted de contar, pero no necesariamente debe tratarse de ruido, un ruido mental se llama ruido mental cuando el pensamiento cuenta con algunas características particulares.

Características de los ruidos mentales

Ya te di una lista de los principales ruidos que suelen hacer vida en nuestra mente, sin embargo, es importante aclarar que no solo eso es ruido mental, como indiqué anteriormente, es importante saber las características principales que hacen que un pensamiento o una serie de pensamientos, dejen de ser una idea y se conviertan en ruido mental, eliminando o bloqueando así la claridad mental.

- Lo primero es que estos tipos de

pensamientos suelen ser muy recurrentes, están presente en la mente durante gran parte del día

- Generan angustia o ansiedad o cualquiera de los síntomas que he descrito antes
- Entorpecen la posibilidad de tener una buena comunicación contigo mismo respecto a otros asuntos de la vida
- Afecta tu relación con el entorno

No es lo mismo un pensamiento recurrente que te está impulsando al crecimiento, al avance, a ser mejor persona, que aquel tipo de pensamiento que te lleva a un estado precario y decadente, esta es la principal diferencia entre una mente clara y una mente que está llena de todo tipo de ruido.

Visto todo esto, entonces se nos hace más sencilla la tarea de definir la claridad mental, pues esto se trata de un estado de nuestra mente que si bien es un órgano que no para de trabajar, llegamos al punto de enseñarle a pensar en lo correcto, lo debido, dicho de manera más fácil, la claridad mental es la capacidad de mantener nuestra mente en modo enfoque, ajustado a la medida no de lo que ella quiera ver, sino de lo que nosotros podemos enseñarle.

La claridad es sumamente necesaria para ser completamente felices en la vida, ya que una mente clara, sin la nubosidad de todo un grupo de pensamientos perturbadores y ladrones de paz, será, seguro estoy, la mejor manera de caminar rumbo a los objetivos que debo caminar en la vida, pero no solo eso, es gracias a la misma claridad mental que podremos establecer objetivos claros, así que en definitiva, si hay algo en lo que tenemos que enfocarnos a partir de este mismo instante es callar todo el ruido de la mente y lograr tener claridad mental.

¿Cómo se logra la claridad mental?

Esta interrogante encontrará respuesta en el siguiente capítulo, de hecho, quiero que este capítulo que sigue a continuación dedicarlo en su totalidad en aclarar esta interrogante, así que con todo lo que hemos visto hasta ahora sobre este asunto es momento de despedir este capítulo, recuerda cada uno de los principios que hemos visto en él, y asegúrate de tener bien claro a partir de este momento lo qué es la claridad mental.

5 PRINCIPIOS DEL ESTOICISMO QUE NECESITAS APLICAR

A cabamos de ver en el anterior capítulo, uno de los factores que suele ser el que normalmente aleja a las personas de las posibilidades de lograr establecer las condiciones necesarias para lo que consideramos la realización personal, seguro que habrá otros factores, sin embargo, lo que hemos evaluado antes puede resultar una de las principales causas de estancamiento en un individuo.

Justo antes de terminar quedó en el aire una importante interrogante, ¿Cómo es que podemos callar el ruido que atormenta nuestras mentes? En ese sentido es que entramos de manera formal a ver como toda una estructura filosófica que tiene más de dos milenios de haber sido fundada, puede ayudarnos a mejorar nuestra calidad de vida y sacar el mayor provecho de ella.

En consonancia con todo lo anterior te traigo en este momento una serie de planteamientos, que serían en realidad los pasos necesarios que requieres dar, con el objetivo de dejar resuelta toda la situación que evaluamos en el capítulo anterior.

Cinco principios básicos, cinco consejos que emanan de toda la estructura de pensamiento de la escuela de Zenón, que llevada a la práctica en pleno siglo XXI puede resultar la clave de la felicidad que tanto anhela el hombre y la mujer de hoy día.

Quiero principalmente que esto que voy a traerte a continuación lo tomes, no como la adquisición de un principio teórico de una materia particular, sino que necesito que cada uno de los consejos que te estaré dando en este capítulo, se convierta en un principio en el cual puedas reflexionar profundamente por un buen tiempo, toma cada principio y refuérzalo con un día dela semana que se convierta en el día de dicho principio, es decir, vas a tomar un día para pensar, reflexionar y sacar la aplicación a tu vida de cada uno de ellos

Vamos a ver entonces en cinco seguros pasos como

es que vamos a quitar todo ese ruido que suele acechar nuestra mente y desviarnos del propósito fundamental de la vida.

Vive cada día como el último

Alguna vez alguien me contó que vivió una experiencia bastante dura en la vida, aunque fue producto de una confusión, esta experiencia marcó su vida para siempre, este amigo tras una evaluación médica esperaba los resultados, dos días luego de haber llevado a cabo la realización de dichos exámenes recibió una preocupante llamada, era su médico indicándole que debía ir a la mayor brevedad posible al consultorio.

Desde luego que esto ocasionó una gran preocupación en mi amigo, al llegar a la consulta la preocupación fue mayor al ver la prioridad que recibió ante otros pacientes, y la cara de preocupación que tenía el doctor, este, de manera pausada pero sin evitar el tono de preocupación le tenía que notificar a mi amigo que lamentablemente se encontraba en una condición muy mala, de hecho el parte médico indicaba que estaba infectado por una terrible enfermedad y que su vida en cualquier momento empezaría a desvanecerse.

Muchas cosas pasaron por la mente de mi amigo, todo tipo de pensamiento se apoderaron de él, incluso me cuenta como pensó en ese mismo momento la posibilidad de acelerar el proceso y quitarse la vida.

Pero a pesar de todas las cosas que pasaron por su cabeza hubo un pensamiento que se detuvo y comenzó a dar vueltas y vueltas sin parar, Lían, su pequeño hijo de tan solo un año de edad, su unigénito, no solo estaba atormentado porqué su hijo crecería sin contar con su presencia, poder defenderlo en el momento del peligro, o consolarlo en su primer desamor, no enseñarlo a afeitarse cuando estuviera creciendo le dolía, pero indiscutiblemente no era lo que más le preocupaba.

La preocupación más grande que embargaba a mi amigo era el no haber dejado el mundo preparado para que su hijo viviera en él, ni un legado, ni una herencia, ninguna enseñanza o una marca sobre la tierra que sirviera para cuando este hubiera crecido alguien le dijera, "por aquí camino tu papá".

Nunca lo había pensado, estaría quizás tan seguro que viviría por muchos años por lo cual tenía tiempo de sobra para lograr lo que quisiera.

Pensar que nos sobra el tiempo es un error enorme, todos celebramos la fecha de nuestro nacimiento, pero nadie sospecha cuando partirá de esta tierra, por lo tanto existe una alta probabilidad de que un día cualquiera toque partir de esta vida sin si quiera la posibilidad de decir adiós.

Afortunadamente lo de mi amigo no fue más que una muy mala experiencia y todo había sido producto de una confusión, sin embargo, la experiencia lo marco para siempre, notó que había perdido mucho tiempo en su vida, y que aunque jamás lo recuperaría debía saldar unas cuantas deudas pendientes consigo mismo.

No hay tempo de sobra, no hay tiempo que perder, todo lo que contamos es con un recurso limitadísimo llamado tiempo, mismo que debemos valorar y cuidarlo con el celo de quien protege un diamante. Vivir cada día como si fuera el último representa la diferencia entre una vida productiva y una vida mediocre en términos de productividad.

¿Por qué es necesario vivir cada día como si fuera el último?

La respuesta es muy fácil, se trata de sacarle el mayor provecho a la vida, y para sacar el mayor provecho se requiere tener la premura de que el tiempo que te queda es corto, déjame darte un ejemplo sencillo, imaginemos que hay ciertas tareas que debes realizar en tu trabajo, y una de estas tareas normalmente la llevas a cabo en una semana, pero este día cuando llegas a tu trabajo el jefe te plantea que había un trabajo pendiente y había olvidado pasártelo, solo quedan dos días para la entrega.

Ante esta situación que de seguro la has vivido, y que desde luego todos alguna vez en la vida hemos vivido, haces lo que sea para maximizar el tiempo y lograr en estos dos días lo que normalmente harías en una semana. Toma acciones en esa dirección, básicamente quiero que comprendas que las acciones que se deben tomar para ejecutar la tarea encomendada por el jefe, la tomes como principio de vida, de eso quiero hablarte a continuación y te las voy a presentar cada una de ellas a modo de consejos.

Consejo # 1: Eliminas toda la distracción

Esta es, fue, y ciertamente será lo primero que vas a hacer en el caso hipotético del que estamos hablando, generalmente este trabajo que llevas a cabo en una semana se desarrolla en medio de quince minutos de descanso, un ratito de tertulia entre compañeros de trabajo, responder uno que otro mensaje de texto y así por el estilo.

La misma acción suele realizar el chofer que va conduciendo en una nueva ciudad, y luego de cierto tiempo se encuentra con la realidad de estar perdido, lo primero que hace es bajar el volumen de la música, incluso apagarlo, bajar los vidrios y ajustar todo lo que sea necesario para tener un mejor panorama de todo, así podrá dedicar su esfuerzo en conseguir la ruta necesaria para volver al camino.

Entonces para sacar mayor provecho de tu vida debes necesariamente eliminar todas esas cosas que quiten tu mente del centro y te mantienen en un completo divagar, restándote de manera negativa la productividad que se necesita para ser feliz en la vida.

Desarrolla el enfoque

Justo este concepto es el que ha puesto en práctica el chofer del ejemplo que acabo de ponerte, toda esa carga de distracción no haría más que mantenerlo dando vueltas y vueltas sin llegar a ningún lado, así que una vez hayas logrado eliminar toda la distracción debes enfocarte, de manera que tus fuerzas estén dirigidas de forma adecuada hacía los logros que como personas te has trazado en la vida.

Trabaja duro

Y quiero aclarar un asunto sobre esto último, trabajar duro no quiere decir de ninguna manera que se trate de perder tu vida enfocado en el trabajo, y hago la aclaratoria porque los logros personales y las metas en la vida no están necesariamente dirigidas al asunto financiero, (aunque pudiera también ser parte, ¿por qué no?) pero esto va más allá de un solo aspecto en la vida, trabajar duro se refiere a regar el árbol de amor familiar para que crezca , trabajar duro puede ser luchar por dejar el legado como persona que debes dejar, todo lo que direccione tu vida hacia un mejor porvenir, requiere que des el todo por el todo como si fuera tu último día.

Para culminar con la experiencia de mi amigo quisiera comentar que una de las ideas que llegó a su mente en el momento de la desesperación cuando pensó que iba a morir, se ha convertido en su estrategia de negocios, y ha logrado gracias a esta mala noticia accidental convertirse en un gran empresario.

Desarrolla el auto control y la templanza

Despejar nuestra mente y lograr silenciar todo el ruido que hay en ella jamás será una verdadera y objetiva posibilidad sino hay algo conocido como autocontrol, la bulla que generalmente acapara la mente de muchas personas suele suceder porque tienen la mente en piloto automático, lo que implica necesariamente que la mente está con la completa libertad de hacer y deshacer a su manera y antojo.

No obstante, tomar el control de los pensamientos requiere de ciertas estrategias, pero los beneficios son múltiples si tan solo nos proponemos tomar el control de la mente y controlar lo que por ella pase.

Pero esto no puede limitarse solo al plano de los pensamientos, por eso el enfoque en algo llamado "templanza" se trata de ir más allá de los pensamientos, es lograr tener el absoluto control sobre nuestras pasiones, la templanza es lograr un buen manejo de nuestras decisiones en medio de los deseos propios, de la más profunda humanidad por la que estamos atrapado.

Imagina que te encuentras frente al semáforo mientras la luz está en rojo, esperando como es normal, que la luz cambie a verde para continuar tu camino, entre tanto que esperas tu cambio de luz sorpresivamente detrás de ti llega otro coche y te golpea por el maletero del tuyo, pero para agregarle más drama, asumamos que tu coche tiene apenas una semana que lo has sacado de la agencia, ¿qué es lo que dice tu mente, tus instintos, y tu yo más interno que hagas en ese momento?

Lo completamente normal en una persona sin auto-control será, seguramente, bajar lleno de una profunda ira, lo más seguro es que esto termine muy mal.

El autocontrol y la templanza marcan el límite entre lo que deseas hacer y lo que debes hacer, allí radica toda la enorme diferencia entre la templanza y el desenfreno. Pero vamos a dar un vistazo rápida-mente hacia dónde navega el barco de la vida cuando el agua por la cual estas navegando se llama templanza, voy a mostrarte los beneficios que tiene en el individuo el desarrollo de esta virtud que estamos tratando en este momento.

- Lo primero que debemos apuntar es justamente el resultado del ejemplo del amigo del coche, saber afrontar de manera más eficiente las crisis en las que te ponga la vida
- Te ayudará a tener una relación más

saludable en los diferentes entornos en los que te desempeñas, o sea laboral, familiar, y social

- Es la mejor manera de mantener la calma, el autocontrol te resultará muy útil para no cometer excesos
- Es el mejor método de controlar los niveles altos de estrés en el momento que te sientas bajo presión
- Es un método eficaz de mantenerte concentrado
- Mantiene tu estado de autoestima en los niveles óptimos

Pero adicional a todo lo que acabo de mencionar, y sin duda uno de los resultados más favorables de desarrollar la templanza, es que te ayudará a tomar mejores decisiones en la vida, y es justamente esto lo que lo hace uno de los aspectos más importantes, es que la vida no se compone de algo tan marcado, como el hecho de tener que tomar decisiones, cada día, cada paso, cada acción debe estar marcada por una decisiones, así que una mente que se encuentra desequilibrada en este sentido, lo más seguro que va a suceder es que las decisiones que tome estarán acorde con el descontrol en el que vive la mente.

Ahora voy a enseñarte los pasos que debes seguir para desarrollar de manera eficaz la templanza y el autocontrol, así que presta la mayor atención y decídete tomar el control de tus pasiones de una vez y para siempre.

Paso # 1: Convéncete, claro que se puede cambiar

¿Has escuchado alguna vez aquella frase "yo soy así, nada me puede cambiar"? seguramente que sí, es más, es muy probable que algunos de nosotros lo hayamos dicho alguna vez en la vida. Déjame decir que es una enorme mentira, no somos así, nos convertimos en eso desde que abandonamos la inocencia normal de ser niño y la canjeamos por un chorro alguna vez grande otras no tanto, de soberbia.

No somos así hemos decidido ser así, la otra gran mentira es que nada puede cambiarte, la verdad ante esa premisa en todo caso puede ser, "no quieres cambiar", pero claro que es posible, no hay nada en este mundo que con una buena dosis de determinación no sea imposible, en realidad lo único que es verdaderamente imposible realizar en esta vida, será aquello que no tengas la intención de lograr.

Paso # 2: Define con claridad donde debes aplicar control

Debes hacer una evaluación del área específica de tu vida que requiere la mayor atención, dónde es que debes poner el mayor esfuerzo, para esto es que debes realizar constantemente un monitoreo de tu vida, para que puedas evaluar concretamente donde tus pasiones se están manifestando más en ti, y es que es perfectamente posible que sobre algunas cosas tengas un nivel de control maravilloso, mientras que en otras todo suele escaparse de las manos.

Observa esta situación de un par de hermanos que son mis amigos de la infancia, ambos desde muy pequeño tuvieron una fuerte inclinación al sobrepeso, es decir, los dos siempre fueron gorditos, al ingresar al bachillerato ambos agarraron el hábito de fumar cigarrillos.

Pasado muchos años, me encontré con ambos nuevamente y con el siguiente cuadro: uno había logrado iniciar el mundo de los deportes y la vida fitness, mientras que el otro siguió teniendo su mismo problema de sobrepeso, no obstante, el que había logrado bajar de peso y tener un cuerpo más definido seguía siendo un fumador activo, pero exageradamente activo, este individuo era capaz de fumar hasta dos cajetillas de cigarrillo diaria, mientras que el que no había logrado superar el problema de obesidad hace muchos años que había dejado el cigarrillo sin ningún inconveniente.

Así que, aunque es importante desarrollar la templanza como virtud a nivel general para la vida, es importante de igual manera practicarlo enfocado en el área específica que necesitas moldear.

Paso # 3: Desarrolla el autocontrol creando buenos hábitos

El enfoque del consejo que te acabo de dar antes es realizar lo que no estás acostumbrado a realizar, si tu problema suele ser la procrastinación, es momento de convertirte en la persona más eficaz de la historia, nada, pero absolutamente nada de lo que puedas hacer hoy lo vas a dejar para mañana, debes comenzar a decir adiós a la palabra "luego" ya eso no existe, insisto, crea el hábito que resulte ser contrario al viejo hábito que quieres superar.

Tal como ya he señalado, no es cierto que alguien haya nacido de tal o cual forma, (esto en dirección al comportamiento) lo único que podemos decir que realmente es algo que vino diseñado de ese modo, es el temperamento, sin embargo puede controlarse perfectamente, pero de resto todo cuanto hay en nuestro carácter sea bueno o malo, es en realdad y por regla general algo aprendido, es producto de la impronta que recibimos en el proceso de la vida.

Aquel hombre cuyo hogar en el que se formó en el que creció era un hogar lleno de violencia, lo más seguro es que sea eso exactamente lo que manifestará en el futuro en su propio hogar, así que sin importar cuáles sean los hábitos que hayas tenido en tu vida, es momento de llevar a cabo hábitos diferente.

Mantén una buena actitud frente a los errores

Ya en el anterior capítulo dejamos claro cómo es que una actitud negativa hacia nosotros mismo tiende a llevar a cabo un ruido espantoso y completamente aturdidor en nuestra mente, y esto es el resultado bien sea directo o indirecto de la inclinación negativa y sin sentido que en mucho de los casos algunos suelen tener frente a los errores.

Pero hablando de improntas, esto es el resultado en muchos casos de situaciones aprendidas, aún recuerdo aquellos años en que muchas madres o padres como medio pedagógico para enseñar a leer o cualquier tarea a los hijos usaban los más terribles azotes, "eme con la a", decían, y se esté por casualidad decía algo incorrecto el castigo era inminente, ante esta triste pero muy normal situación (al menos para aquellos tiempos), fue motivo de que muchos de esa generación naciente crecieran con la idea errónea que equivocarse está mal.

Alguien dijo en una oportunidad "quien no comete un error es simplemente porque no está haciendo nada", hacer es igual a errar, quien no quiere cometer un error sencillamente que se siete y nunca más se levante, y aun así hay la posibilidad de cometer un error en el pensamiento.

Desde luego que esto no quiere decir que debemos andar en la vida sin la menor precaución, cometiendo errores a discreción sin recibir las posibles consecuencias de nuestros errores, desde luego que no, pero hay que aprender a ver de manera más objetiva todo esto.

Hay que ser conscientes entonces que cometer errores es algo que es completamente normal, y que nos guste o no va a seguir existiendo, de manera que ¿sino van a desaparecer los errores, qué se debe hacer?, bien lo que debe desaparecer es la mala relación que puedes tener con los errores.

Un error no es más que un ejemplo nuevo de cómo no se debe hacer algo, ¿acaso crees que los grandes inventos de la vida surgieron de un solo intento? Desde luego que no, todo lo que tenemos en nuestro alrededor es producto definitivo posiblemente de un enorme número de errores.

De esta manera te quiero regalar los tips que te van a abrir la puerta a una posible mejor relación con los errores, y dejes de estar constantemente culpándote por las fallas que hayas cometido en el pasado.

Tips # 1: Asegúrate de no cometer los mismos errores

El adagio que mencioné hace un momento culmina de la siguiente manera,"quien no comete errores es que no está haciendo nada, pero quien comete los mismos errores es que no está aprendiendo nada", ya lo dije antes, un error es solo un ejemplo de cómo no debe hacerse algo, pero si continuas cometiendo los mismos errores siempre, es posible que estemos frente a un cuadro que testarudez, por lo tanto asegúrate que el error que cometiste no se repita.

Tips # 2: Aprende la lección

Si es cierto que un error es solo una lección nueva, pues debes aprender bien la lección de lo contrario estarás sacrificando demasiado, una vez que haya ocurrido un error, una falla en lo que quiera que estés emprendiendo, debes asegurarte que el aprendizaje que se desprenda de esta situación lo absorbas lo más profundamente posible, de hecho esta es la única garantía que puedes tener de no cometer el mismo error en otra ocasión

.Tips # 3: Asume con responsabilidad las consecuencias

El principio es el siguiente: toda acción tiene una reacción, no es correcto creer que por reflexionar tras el error cometido no habrá consecuencias, parte de la madurez y de la responsabilidad que implica ser consciente de los errores cometidos, es asumir de manera responsable las consecuencias de dichos errores, por lo tanto no cometas el error de incurrir en la típica queja del ¿por qué a mí?

Imaginemos que quisiste hacer una inversión en el deseo de proyectarte como empresario, pero resulta que tu acción fue un error y no invertiste con inteligencia, has aprendido una gran lección, ya tienes experiencia para que la próxima vez lo hagas con más inteligencia, ¡muy bien! Es muy sensato de tu parte, pero aun así no podrás evitar que las consecuencias te atrapen, posiblemente habrás perdido tu dinero, o habrás incurrido en una deuda, asume las consecuencias con la responsabilidad que amerita el caso.

El hecho de ser vegetariano no significa que si un león te encuentra no te comerá, así mismo, que seas una persona responsable, que hayas aceptado la falla no evitará que debas cargar con las consecuencias de dicho error.

Tener una relación saludable con tu error será la forma perfecta de tener una relación más sana con el porvenir, nunca debes culparte, nadie es perfecto, lo mismo que nada de lo que se quiera en esta vida es perfecto, siempre y en cada área de la vida se correrá el riesgo de fallar.

Mantente enfocado

Una mente enfocada jamás padecerá ruidos, el enfoque es la herramienta perfecta para evitar los ruidos, de hecho, estos son la consecuencia directa de tener la mente libre y dispersa, cuando andamos en la vida sin una razón clara y objetiva del por qué te levantas cada mañana, estás dejando tu mente libre para que todos los escándalos de la vida se alojen en ella.

¿Qué es el enfoque?

Enfocarse es una gran habilidad, y esta consiste en lograr eliminar las distracciones que normalmente pueden haber en la mente de las personas, estas distracciones, tal como ha quedado demostrado, son las causantes directas de perder de vista los verdaderos propósitos en la vida, una mente que no se mantiene enfocada divaga entre multitud de pensamientos, de deseos, pero le resulta completamente imposible llegar a ningún resultado, pues no concreta nada.

Una mente desenfocada lleva a la persona a actuar de acuerdo a los sentimientos, y no hay mayor peligro que una mente llena de ruido, un día tiene miedo porque los ladrones pueden llegar, así que quiere practicar defensa personal, al día siguiente lo preocupa que la empresa para la cual trabaja se vaya a la quiebra, por lo que piensa que es momento de empezar su propio negocio, y en esto ocupa la mente todo ese día, luego se encuentra preocupado por cualquier cosa y su mente se mantendrá así dando vuelta entre una y otra cosa y jamás llegará absolutamente a nada.

Es por tanto importante pero más que eso vital que saque todo este tipo de ruido de la mente y desarrolle claridad mental, y la manera es logrando desarrollar un buen enfoque en la vida, pero para tener una visión más clara sobre este asunto vamos a ver una serie de beneficios que aporta a una persona mantenerse enfocado en la vida.

Es más fácil alcanzar las metas

Quizás estoy siendo generoso en el enunciado que acabo de hacer, no solo es más fácil, quizás la única manera de alcanzar las metas, lograr los objetivos cualquiera que estos sean debe ser solo a través del enfoque, mantener tu mente fijada en un solo asunto hará que tus fuerzas estén dirigida en este asunto, y tus acciones lo mismo, cada paso que des va a estar enfocado en lo que te has propuesto, y te garantizo que de esta forma podrás lograr lo que sea.

Sacarás mejor partido de tu tiempo

Ha quedado claro en las líneas anteriores que el tiempo es un bien de un valor incalculable, por lo tanto es importante en aras de caminar rumbo a la realización de tu propósito en la vida, pero de igual manera para alcanzar la felicidad, administrar de manera correcta tú tiempo. Estar enfocado te va a ayudar a librarte de andar haciendo cosas que no son para nada provechosas, sino que estarás concentrado en aquello que es verdaderamente importante.

Disminuyes las probabilidades de fracaso y errores

Cada vez que tras un error se aprende la lección surge la pregunta ¿cómo no lo vi antes? Es muy fácil, no lo viste sencillamente porque no estabas enfocado, tener una buena relación con los errores es importante, pero lograr minimizar la posibilidad de cometer errores es mucho mejor, y la manera en la que esto puede ser posible es sin duda alguna a través del enfoque.

Suele suceder que una persona adquiere un auto nuevo, lo compró con especificaciones muy detallada porque así es que le gustaba, así lo quería, en consecuencia así fue que lo adquirió, en el momento que lo miró en la agencia quedó impactado, y se da cuenta que es justamente el coche de sus sueños, está convencido que será la envidia de todos.

Pero una vez que sale con su nuevo coche, de manera casi automática comienza a notar que en cada semáforo, en cada esquina, en cada estacionamiento hay un coche con las mismas características que las que este acaba de adquirir, "no lo había notado", ¿sabes lo que en realidad sucedió? Que no tenía el enfoque, ahora que está en su nuevo coche se va a dar cuenta que habían más de los que este pensaba.

Estos son solo algunos de los principales beneficios de estar enfocados, seguro que son muchos más, sigue la propuesta que te hago y descubre por ti mismo todos los beneficios que te ofrece mantenerte enfocado, por el momento quiero darte una serie de consejos para que puedas desarrollar un buen enfoque en la vida.

Consejo # 1: Debes tener claro la definición de enfoque

Una clara definición será la puerta de entrada a un verdadero enfoque, por ello aunque ya te lo he planteado al principio de este apartado, quiero hacer un especial énfasis en esto, para estar enfocado requieres de una serie de elementos que si no existen entonces no hay a donde ir, ¡no hay enfoque!

Los elementos de los que estoy hablando son un proyecto, es en eso que debes tener el enfoque, no importa que aun sea solo un sueño, pero si no existe este proyecto ¿en qué vas a estar enfocado? Lo siguiente será la determinación, es decir la decisión en tu vida que eso que puede que sea un sueño o que ya se haya convertido en un proyecto, se cumpla, se haga realidad, por ultimo concentración, es decir que todo cuanto hagas, todo cuanto pienses esté dirigido hacia esto en lo que has puesto tu enfoque.

Consejo # 2: Marca la diferencia entre enfoque y obsesión

Los extremos desde donde quiera que se vean son dañinos, no importa de qué se trate todo aquello que se marca exageradamente hacia un lado, es decir en el punto que la balanza se inclina demasiado hacia un lado ya esto significa que se está andando por senderos erróneos, por esto es que en el tema de enfoque hay que tener también un perfecto equilibrio, de lo contrario esto que queremos ver como enfoque puede estar convirtiéndose en una obsesión, y esto es completamente dañino.

Un enfoque correcto es aquel que no te desconecta del resto de las responsabilidades que tienes, es decir manejas el equilibrio perfecto entre cada una de las áreas de la vida sin perder el objetivo de lo que te has propuesto como meta de vida. Pero en el punto que este enfoque comience a alejarte del resto de las obligaciones que puedes tener, y comience a interferir en tu trabajo, en las relaciones familiares o sociales, puede ser que estemos frente a una obsesión más que enfoque, en este punto detente.

Consejo # 3: Nútrete de tu enfoque

Llena todo tu entorno de tu enfoque, pero como dije

anteriormente sin tener que dejar de lado el resto de las cosas importantes para ti, es decir incluye a tu familia, tus amigos y cada entorno de lo que es tu nuevo proyecto de vida, toma un tiempo de tu día para meditar en ello y para mantener tu mente en un buen nivel y buena relación con tus propósitos de vida.

Debes tener claro cuáles son tus prioridades

Para llegar al punto en el que estamos enfocados en este momento se requiere necesariamente manejar un perfecto equilibrio entre tus proyectos de vida y el resto de cosas con las que tienes que lidiar normalmente, por este motivo es que se hace completamente necesario a partir de tu nuevo proyecto, tener una perfecta relación entre tu camino y el resto de las cosas que son realmente importante en la vida.

Lo que trato de señalar es que la realización personal de un particular no es algo que pueda mantenerlo aislado del resto del mundo, sino que una realización verdadera será tal a la medida que dicho proyecto guarde una perfecta relación con el resto de cosas que son importantes, entonces ¿cuáles son tus prioridades?

Esto estará sujeto desde luego al caso particular de cada individuo, pues una vida puede ser completamente distinta a otra, y en este sentido habrá que hacer un ajuste personal de ciertos principios genéricos.

¿Por qué es importante establecer prioridades?

Se trata sencillamente de establecer el nivel de importancia que tiene cada cosa, y en consecuencia determinar el nivel de atención que se le dará a cada una de esas cosas, cuando has logrado establecer un enfoque, este deberá estar realizado en función del resto de temas que conforman tu vida, lo mejor que puedes hacer en este sentido es hacer una lista y enumerar el orden de prioridad que tiene cada cosa en la vida, este orden guardará una estrecha relación entre tu propósito (representado en tu felicidad) y la importancia de cada uno de esos elementos.

Por ejemplo tu núcleo familiar (hijos y pareja), luego tus familiares, (padre, madre, hermanos, sobrinos, tíos, etc.) el trabajo, la satisfacción personal, etc.

Ya tenemos de esta manera cinco claves interesantes, que debes recordar son principios que nos ha regalado el sistema de pensamiento estoico y que como has podido ver son perfectamente aplicables en nuestros tiempos, por esta razón las he compartido contigo en este capítulo, pero esto no queda aquí, hay una serie de principios que la escuela estoica nos ha dejado para construir de manera responsable pero metódica, las bases fundamentales y necesarias para que nuestra felicidad sea un objetivo alcanzable, así que continuemos viendo más sobre este asunto.

ENFÓCATE EN LO QUE PUEDES CONTROLAR

Bienvenido al capítulo cinco, este capítulo es el encuentro con uno de los aspectos más importantes del sistema estoico, y es la idea de crear un enfoque en lo que realmente vale la pena hacerlo, en el capítulo anterior ya te había mencionado todo lo referente al enfoque, pero en este momento quiero hacer una connotación si bien no del todo diferente, la dirección es muy clara, no perder el tiempo enfocándose en las cosas que en realidad no merecen la pena.

En este sentido debemos recapitular lo que ya hemos conversado en varias oportunidades, y es efectivamente las cosas que debemos cambiar de nuestras vidas, que pueden estar creando una terrible barrera que nos impide el avance hacia lo que queremos, es decir la realización personal.

Pero ante todo lo anterior muchas personas se mantienen intentando cambiar cosas de la vida (internas o externas) que no tiene en realidad ningún sentido querer cambiar, bien porque no es necesario o bien porque es imposible hacerlo.

La relación que tengamos con los resultados que podamos encontrar en la vida, puede ser un factor importante para determinar si seguiremos luchando por lograr lo que queremos, o si finalmente terminaremos frustrados en el caso que estos resultados sean desfavorable, pero hay que estar completamente claros que hay cosas que no podremos cambiar, por lo tanto de esta realidad se desprende uno de los más importantes principios de la filosofía estoica, "no luches contra lo que no podrás cambiar"

Asumamos que has pasado todo el año planificando tu boda, has tenido todos los detalles en cuenta, los gastos, los invitados, los anillos, el vestido, el traje, y cada uno de los elementos necesarios para que tu boda se celebre por todo lo alto, pero justo el día de la boda, minutos antes de esta, el sacerdote que auspiciaría la ceremonia sufre un accidente de cualquier característica y fallece.

Según los criterios de la organización nada podía salir mal, todo estaba perfectamente calculado, pero circunstancias como estas no se pueden prever, no sirve de nada que en la próxima organización de tu boda quieras tener un médico para caso de algún accidente.

Nada de eso tiene sentido, hay que cosas que son innegociables pero hay aquellas que si pueden cambiar, y ahora haciendo una contextualización de esta analogía a la vida, tenemos que ver claramente que muchas de las cosas que pueden resultar un tropiezo para alcanzar los objetivos no se pueden cambiar, pero hay otras que por supuesto que se pueden cambiar, de ello voy a hablarte en las siguientes líneas.

Controla tu carácter

¿Qué tanto sabemos del carácter? Posiblemente las nociones que tenemos respecto a este aspecto tan importante de la vida humana son demasiado vago, me explico, es común escuchar expresiones como "es que nací con un carácter muy malo". Expresiones como estas demuestran que el entendimiento acerca de lo que es el carácter resulta verdaderamente muy bajo.

Nadie nació con el carácter de tal o cuál modo, el carácter se trata básicamente de los rasgos que asume una persona en torno a su comportamiento y la relación de este con el medio que interactúa, pero bien, el carácter está definido por algunas aspectos que habrá que evaluar, lo primero es lo que puede haber recibido a manera de aprendizaje en la impronta recibida en el proceso de formación de su vida, pero más importante aún, está marcada por los rasgos propios del temperamento de la persona, entonces vamos a definir qué es el temperamento para poder comprender cómo es que este ejerce influencia sobre el carácter.

Cuando hablo de temperamento me estoy refiriendo básicamente a los elementos que componen la personalidad de un individuo pero que son estables, es decir estos si se encuentran establecidos de manera natural en el individuo, pues lo ha recibido en la genética humana, no son negociables, este temperamento es el que modifica el carácter y permite que el mismo tenga algunas características particulares.

Pero como he dicho antes, el carácter, que son las actitudes por lo general aprendidas y en algunos casos reforzadas por el temperamento, si puede ser modificado lo que es lo mismo que puede ser controlado.

¿Por qué hay que controlar el carácter?

El carácter es el aspecto de nuestro ser que determina la acciones que tomamos ante los distintos escenarios en los que nos encontremos en la vida, por lo tanto muchas de las decisiones y las acciones que tomamos en la vida guardan una estrecha relación con nuestro carácter, en consecuencia un carácter sin la formación adecuada puede ser la puerta perfecta para acciones incorrectas.

"Ella es una persona con mucho carácter" ¿lo escuchaste alguna vez? Por lo general este tipo de idea surge ante el deseo de reflejar una persona que suele ser agresiva, exigente, que todo lo reprocha, pero no hay algo más lejos de la realidad, aunque se suele hacer una separación entre bueno y mal carácter la realidad es que una persona que generalmente se deja llevar por los impulsos, actúa de manera desmedida e inconsciente en realidad es una persona que no ha formado su carácter, mantiene en el mismo estado las formas naturales de un niño, por lo tanto la verdad es que no formó su carácter, aunque es aceptable decir que formó un mal carácter.

Pasos para controlar el carácter

Como acabo de mencionar está bien decir que tiene un mal carácter aunque lo correcto sería en cualquier caso asumir que lo que está sucediendo es falta de carácter, ahora bien quiero darte una serie de pasos que debes seguir para tomar el control de forma definitiva y darle el control adecuado a tu carácter.

Paso # 1: Piensa antes de actuar

Cuando vas a empezar un dialogo con la frase "usted me va a perdonar" de plano ya se sabe que lo que vas a decir no se debe decir, lo mismo sucede con las acciones, cada acción que vayas a tomar en la vida debe estar medido antes de hacerlo, actuar por el solo impulso del temperamento es el causante de los peores errores en la vida.

Paso # 2: Aprende a distinguir lo que es verdaderamente carácter

Todo lo que acabo de decir no se trata de meros caprichos, no tener claro qué es el carácter es la causa principal por la que muchas personas andan cometiendo excesos, debes evaluar la virtudes del carácter, por ejemplo la templanza, la bondad, la misericordia, etc.

Paso # 3: Detecta los impulsos

Efectivamente un mal genio o mal carácter, carácter desenfrenado o como quieras llamarlo, no es más que el producto de impulsos desenfrenados, por lo tanto debes hacer una perfecta evaluación de cuáles son esas acciones que normalmente estas ejerciendo de manera irracional, sobre ellas debes tener especial atención, y tener un muy importante cuidado de ir tomando el control sobre ellas.

Controla el ego

Es muy probable que hayas escuchado esta palabra infinidad de veces, en dirección a ella es igualmente importante como en el caso anterior hacer un deslastre de cualquier tipo de idea errónea que surja en torno a este asunto, para ello nos preguntamos antes que nada ¿Qué es el ego, es bueno o es malo? Para poder entenderlo hay que ver algunos aspectos que está necesariamente ligados al tema del ego.

Para lograr lo anterior ante todo vamos a definir, el ego significa "yo", el ego es la representación que cada cual tiene de sí mismo, es el reconocerse como un ser, independiente, individual, con su propios rasgos de identidad, es todo, o sea, el ego es la identidad personal. Ante esta aclaración no hay un juicio que pueda emitirse más que el adecuado, "el ego es bueno", de hecho es necesario.

¿Qué es lo que debemos controlar?

Vamos a ver los aspectos que ya he mencionado que están irremediablemente ligados al ego, para poder comprender bien la dirección de todo este asunto. La psique humana está compuesta por tres elementos, que serían: "ello, yo y superyó" esto basado en la teoría de la personalidad que desarrolló el padre del psicoanálisis Sigmund Freud, veamos cada una de ellas.

El "ello" está dirigido a lo que son algunas características si se quiere naturales, es decir elementos de la psique humana que vienen pre establecidas en el diseño de cada individuo, a saber: los instintos, las voluntades y los deseos de cada persona.

En cuanto al "yo" este surge como consecuencia de la interacción del individuo con su entorno, de manera que el ello se va adecuando a la realidad que tiene en su al rededor, de esa forma se va creando esa identidad personal, es decir que el yo, es el mecanismo de la psique humana tratando de regular la acción del ello, adecuando cada aspecto de la vida para que el ello se mantenga ajustados a la realidad.

El superyó por su parte es el producto final, se puede decir que es el resultado del yo en regulación de ello, y está marcado por los valores culturales y los ideales de cada individuo.

La medida en que el ego comienza a sobreponerse sobre todas las cosas, es el punto en que esto comienza convertirse en un problema, el ego es algo dañino justo cuando una persona comienza a darle un valor excesivo a su propia identidad, al punto que comienza a ver con desprecio la identidad y las características del yo de otra persona, comienza a despreciar, las creencias, los valores, las virtudes, centralizando toda la importancia en sí mismo, esto es lo que debemos desechar de nuestras vidas, pero ¿Cómo podemos controlar el ego? Sigue los siguientes pasos:

Paso # 1: Comprende a cabalidad que es el ego

La primera acción en dirección del control del ego, es saber correctamente qué es y para qué sirve, de esa manera podrás tener presente cuándo el ego se está escapando de las manos.

Paso # 2: Niégate a aceptar algunas ideas

Cuando el ego está saliendo de control comienzan a llegar ideas que aunque no parezcan son verdaderamente destructivas para las personas, por ejemplo: las ideas de grandeza, esa sensación de extrema seguridad, de superioridad, esto debes cerrarlo de plano de tu vida, dicho mejor aún mantén tus pies sobre la tierra, no se trata de negar tu valor y disfrutar de tus virtudes, pero no permitas que estas virtudes se sobrepongan por encima del respeto y el valor que debemos a cada una de las personas que nos rodean.

Paso # 3: Reconoce el valor de los demás

Ahora no solo se trata de mantener tu identidad sujeto a la realidad, o sea, pie sobre la tierra, más aun se trata de poder ver las virtudes de los demás, no trates de acaparar la atención, y quiero ser claro en esto, no estoy tratando de enseñarte que le des poco valor a tus virtudes, pero que tu mayor virtud sea la humildad y la empatía, y sobre todo que la mejor alabanza que haya en ti sea la que los otros hagan de las virtudes que naturalmente reflejas.

Controla tus emociones

Primero que nada ¿Qué son las emociones? Esta es la reacción mental que tenemos los seres humanos frente a ciertos estímulos, estos estímulos pueden ser mentales o reales y por lo general entran a nuestra mente por medio de los sentidos, es decir lo que vemos, olemos, sentimos, oímos y saboreamos, va a generar una reacción natural en nuestra mente y va a desencadenar una emoción.

Pero además de eso hay estímulos mentales que surgen por ejemplo dentro del recuerdo de ideas de estímulos pasados, las emociones básicas son: el miedo, la alegría, el asco, la tristeza, la ira y la sorpresa, estas son las emociones base que puede generar diferentes tipos de sensaciones, de hecho hay estímulos que pueden producir más de una de estas emociones.

¿Qué hay de malo con las emociones?

¿Qué es lo que debo controlar de las emociones?

Sobre esto es que quiero hacer referencia, imagina que acabas de ver a una vieja amiga que hace mucho no veías, pero resulta que la última vez que la miraste estaba esbelta con una figura maravillosa, ahora la encuentras con un problema de obesidad mórbida, al mirarla estas estimulando un senti-miento, posiblemente la sorpresa, ¿cuál sería la acción correcta y la incorrecta en esta situación?

Emociones controladas: "amiga años sin verte,

cuéntame, ¿cómo has estado, como está la familia, que es de tu vida?

Emociones descontroladas: "María ¿Qué te pasó, por qué estas así de gorda si tú siempre fuiste una mujer tan bonita y delgada?

Espero que la analogía pueda aclarar este asunto, y esto es aplicable para cada una de las emociones, no podemos permitirnos desde ningún punto de vista que nuestras emociones anden por allí, actuando sin el debido control, haciendo y deshaciendo a sus anchas, hay que tener mucho cuidado con todo eso, hay que tener las emociones en el justo lugar.

Para lograr esto quiero darte 5 claves para que puedas controlar tus emociones y de esta manera evites los excesos que pueden surgir a raíz de estas.

Clave # 1: Reconoce tus emociones

Enfócate en cuáles son las emociones que requieren que le prestes especial atención, debes saber cuáles son las que están fuera de control y necesitan ser atendidas de manera inmediata, puede ser problemas con la ira, o el excesivo temor, etc.

Clave # 2: Identifica los detonantes

Una vez que hayas logrado detectar cuáles son esas

emociones, debes ahora poder reconocer cuáles son los factores que detonan ese estado emocional, qué es lo que te enfada, qué te genera el temor descontrolado, incluso qué es lo que te lleva a esos excitados estados de alegrías en los que pierdes el juicio y haces cosas de las que luego debes arrepentirte.

Clave # 3: Cambia el rumbo de las cosas

Al tener claro que es lo que genera o hace que estalle esos estados emocionales, tienes que mantenerte alerta de los episodios donde normalmente ocurren esas situaciones, por lo tanto ante la alerta de que esto pueda ocurrir debes cambiar el rumbo de las cosas, por ejemplo, ya sabes que el partido de futbol te crea emociones descontroladas y puedes incluso terminar peleando con algunos amigos cuando tu equipo pierde, necesitas comenzar una terapia de ver tus partidos solo, hasta que logres controlar las emociones con las que estás luchando, no te permitas auspiciar las condiciones que generan el estado de descontrol emocional.

Clave # 4: Practica ejercicios de respiración

Por lo general cuando estamos excitados por alguna situación emocional particular, nuestra respiración se agita, de hecho esta es una de las principales señales, de manera que comienza a practicar ejercicios de respiración, desarrolla una respiración consciente y pausada, comienza a respirar poco a poco inhalando por la nariz, exhalando por la boca, esto aparte que es un buen oxigenante para el cerebro te irá devolviendo el estado de tranquilidad para que puedas evaluar de mejor manera las cosas.

Clave # 5: Practica la virtud de cada emoción

Cada emoción tiene su exceso, pero también su centro, sin importar el tipo de emoción de la que estemos hablando, por lo tanto cada una tiene un aspecto malo y uno bueno (el bueno pudiéramos llamarlo necesario), en este sentido debes descubrir cuál es el punto de equilibrio de cada una de las emociones, y que estas trabajen por su naturaleza justificada y no por algún tipo de descontrol, ejemplo, el miedo es un mecanismo de defensa ante el peligro, la alegría es un estado que genera gozo, y así cada uno de los sentimientos tiene una virtud que es importante que se resalte.

Controla tus ansiedades

La ansiedad debe ser sino el más, uno de los efectos de las emociones más importantes que existen, la ansiedad puede ser producto por ejemplo del miedo ante la inminente presencia del peligro, este mecanismo de supervivencia natural del individuo, organiza las funciones de todo tu organismo para que haga frente al peligro, o bien para brindarte mayores rutas de escapes de las que normalmente podrías ver en un estado normal.

Pero la ansiedad puede convertirse en una pesadilla a causa de los ruidos en la mente, una mente que constantemente esta reproduciendo ideas de miedo, de la catástrofe, de la hecatombe económica y pare usted de contar cuántas de estas ideas puede pasar por nuestras mentes a diario, es en este punto en que la ansiedad se convierte en un verdadero problema.

Se alteran los nervios, suben los niveles de glucosa en la sangre, se puede caer en un tipo de desequilibrio mental, como consecuencia de los altos niveles de estrés a los que está expuesto. Vamos a ver algunos consejos para superar estos estados de ansiedad.

Consejo # 1: cambia tus pensamientos

Si ya hemos evaluado que la ansiedad es producto de la serie de pensamientos que normalmente llegan a la mente de las personas, y que suelen de ser de carácter atemorizante, infunden miedo, incluso terror, debes comenzar a hacer un canje de estas ideas por pensamiento positivos, esto debes hacerlo de manera consciente, ya que si la mente está acostumbrada a andar en modo piloto automático, hay que introducir de manera consciente nuevos pensamientos que sean positivos hasta que esto se convierta en hábito.

Consejo # 2: Deja de luchar con lo que no puedes cambiar

La ansiedad suele surgir como esa lucha profunda por el deseo de enfrentar cosas que no se pueden cambiar, por lo tanto lo mejor que puedes hacer es aceptar la realidad y dejar la lucha de fuerza, hay cosas de la vida que evidentemente no se pueden cambiar, por lo tanto deja de luchar contra ellas.

Consejo # 3: Enfrenta tus temores

Muchas de las cosas que tememos en la vida suelen ser cosas que nunca sucederán o que en realidad no podrán hacernos daño, a los niños se les controlaba con la idea del "coco" y estos aprendieron a temer a algo que nunca vieron, por lo tanto debemos deslastrarnos de todos los "cocos" de la vida, las cosas que deben suceder, van a suceder, de resto lo que puede haber es una sobre carga de emociones sin sentido, debes vivir en paz.

Controla tus acciones

Las acciones son el resultado final de las emociones, por lo tanto si ya hemos manejado y puesto en su justo lugar a las emociones, es momento de dar el control debido a las acciones.

Las acciones que los seres humanos tengamos son el reflejo de lo que hay en nuestro interior, por lo tanto una persona que esta siendo dominada por las pasiones, que es lo mismo que no ha podido controlar sus emociones, la primera acción que este debe realizar es en definitiva manejar de manera adecuada sus emociones pero ¿qué más debe hacer alguien que quiere controlar sus acciones? ¡Veamos!

Identifica las acciones que debes cambiar

Esta es la primera tarea, ¿en qué área es que sueles perder el control? En función de esto es que debes entonces enfocar todas tus fuerzas, debes establecer el control de cada una de las situaciones que han llevado a que este problema esté surgiendo.

¿Cuáles son las posibles soluciones?

Al haber logrado la clara identificación de cuáles son las causas detonantes de las acciones indebidas, lo que debes hacer en consecuencia es establecer las posibles soluciones de manera que estas circunstancias no te tomen por sorpresa sino que por el contrario, cuando llegue el momento particular que descontrola la situación ya exista un plan b claramente establecido.

Debes estar alerta a la situación

Todo lo que debes hacer ahora es no dejar que nada de esto te tome por sorpresa, debes anticiparte a las situaciones que hacen que tus acciones se salgan de control, si esto suele suceder ante ciertas situaciones especiales dentro de tu hogar, entonces mantente alerta, si son situaciones particulares que pueden suceder cuando vas en tu coche, no dejes que te sorprenda, conduce con la precaución de lo que puede suceder y detonar las acciones que están afectando tu vida.

Encontramos entonces por medio de todo lo que hemos visto en este capítulo que para ser felices no es necesario que tengamos el control de todas las cosas, pero si es importante que controlemos las que podemos controlar, de nada sirve pasar toda la vida en un constante lamento luchando con hechos que no se pueden cambiar.

Si tu temperamento es sanguíneo, saca provecho de este, no trates de nadar contra la corriente, si tu entorno es un entorno exageradamente violento, practica la armonía, haz lo que tengas que hacer en dirección de mejorar el estado de satisfacción contigo mismo, no hay nada mejor en la vida que hacer el bien.

6

ATENCIÓN PLENA: VALORA TU PRESENTE

No hay peor mal para la vida que afanarse por lo que no existe, en este sentido me refiero a dos cosas que nos roban la tranquilidad, el pasado y el futuro, dos aspectos de la vida que no nos dan muchos beneficios pero que solemos darle tanta importancia que tenemos la tendencia de perdernos algo tan importante como es el ahora.

Bienvenido al capítulo número cinco, en esta oportunidad quiero que podamos hacer una evaluación muy detallada de uno de los elementos que desde la óptica de los postulados de los grandes filósofos de la historia del estoicismo, es el punto clave para una vida completamente equilibrada, se trata del "aquí y ahora".

Es cierto desde luego que no podemos ignorar el pasado, tampoco es correcto olvidarnos que hay un porvenir, pero ¿cuál es la relación que tenemos con estos dos aspectos de la vida? El verdadero problema estaría en la manera en que hemos establecido una relación con estos dos elementos, por ejemplo, vivir anclados al pasado como medio de quejarnos por errores cometidos es un verdadero sin sentido, puede ser que esté bien desde algún punto de vista ver esos errores pero como medio de aprendizaje de lo que no debes hacer, es decir mirar los errores para recordar lo que no se debe hacer.

Otra manera de relacionarse muy mal con el pasado, es añorando situaciones o etapas que desde nuestra óptica muy personal fueron buenas, bien sea una antigua pareja, los tiempos de mi niñez, el barrio en el crecí, una excesiva observancia de estas cosas puede ser una manera muy fácil de perdernos el presente.

Lo mismo puede pasar con el futuro, una persona que constantemente está pendiente de los peligros que pueden acechar en el futuro, de lo que pueda suceder, (ruidos mentales) se mantienen pensando que puede haber una guerra en la que su país puede estar involucrado, si el banco se va a quiebra puede perder su dinero, si va a una entrevista de trabajo le pueden negar el puesto, y así se le escapa el presente sin disfrutar de nada, lleno de los temores que solo hacen ruido y distraen la mente.

Observa el pasado, planifica tu futuro, pero vive en el presente, es la cuota de vida que tienes, entonces es la que debes vivir, vamos a ver a lo largo de este capítulo el valor del presente, pero más aún vamos a aprender a valorar este presente y no dejar que lo demás sea más que un simple recuerdo o un proyecto, pero no lo que se lleve toda tu energía, vamos a enfocar las energías justamente en este preciso instante.

Debes conocerte a ti mismo

No hay manera de disfrutar nuestro presente de no estar seguro de quien somos cada uno de nosotros mismos, por lo tanto esta es la primera tarea, se llama autoconocimiento, vamos a definir mejor qué es. El autoconocimiento es el resultado de un serio trabajo introspectivo, es hacer una evaluación bien detallada de lo que somos en todos los sentidos de la vida, es decir de nuestras capacidades, de nuestras limitaciones, de nuestros errores al igual que las virtudes, y así cada aspecto de la vida que compone nuestra individualidad humana.

¿Por qué es importante el autoconocimiento?

Conocernos a la perfección es la mejor cura contra la frustración, al estar al tanto de nuestras naturalezas nos va a ayudar a mantener una mejor relación con nosotros mismos, y esta desde luego que se puede manifestar en dirección a lo que reflejamos hacia fuera de nosotros.

En definitiva, conocernos a nosotros mismos nos puede ayudar a tener paz en la vida, tener paz con nuestra particular realidad. Ahora bien, aunque conceptualmente esto puede parecer algo sencillo, en realidad puede no serlo tanto, ¿has visto los perfiles de las redes sociales en el que las personas se describen a sí mismas? Casi siempre vas a encontrar ideas como "soy extrovertida, me gusta la música, amo la comida japonesa". Es que autoconocimiento va más allá del solo hecho de almacenar cualquier tipo de información de nosotros.

Importancia del autoconocimiento

Gran porcentaje de todas las cosas que hasta este momento te he venido hablando requieren de este gran paso para lograrlo, es decir, al desarrollar el autoconocimiento estarás dando un avance importante en relación al autocontrol, vas a saber identificar los sentimientos que normalmente te llevan a salir del equilibrio en la vida, de manera que el auto-conocimiento es el camino para la regulación de nuestra vida en todo los aspectos.

Pero a pesar que puede no ser tan fácil la tarea de conocernos a nosotros mismos, la manera de hacerlo te la daré en este momento por medio de unos senci-llos pasos, presta mucha atención a lo que viene a continuación.

Paso # 1: Elabora una lista de tus fortalezas y debilidades

En esta lista debes reflejar cuáles son tus virtudes, tus defectos, tus habilidades, tus debilidades, las capacidades y posibles limitaciones que haya en tu vida, sin emitir ningún tipo de juicios sobre ningún aspecto de esta lista, solo anota de manera indiscriminada todo lo que venga a tu mente.

Paso # 2: Haz una lista de tus pasiones

Ahora es momento de llevar a cabo otra lista, en esta vas a detallar cada una de esas cosas por las que sientes fuertes motivaciones, es decir, todo aquello que te apasiona, en el plano que esto sea, en lo labo-ral, en el entretenimiento, en lo social y en cada aspecto de la vida de la vida.

Debes asegurarte que lo que anotaste en tu lista represente de verdad lo que te apasiona, para saber si realmente es una pasión solo debes ver el nivel de seguridad que tienes sobre eso que crees tú pasión, en la medida que dudes de alguno de los elementos, elimínalos, no es una pasión.

Paso # 3: Reflexiona sobre cada una de ellas

Es momento de reflexionar en cada uno de los aspectos que has agregado a la lista, es tiempo de ver cuáles son las cosas que realmente puedes mejorar, las que puedes cambiar y las que son innegociable, observa tus pasiones y todo lo que has hecho en esta lista, y prepárate para hacer los cambios que sean necesario, en función de lograr tu objetivo principal en la vida, "la realización personal".

Camina rumbo a un solo objetivo

Desde luego que no me refiero a un solo objetivo en la vida, me refiero a un objetivo a la vez, recuerda que estamos trabajando en función de ejercer lo que es la atención plena, es decir el enfoque, no sirve de nada querer cambiarlo todo, por lo menos no todo a la vez, por esta razón tras evaluar la lista que acabamos de realizar en el punto anterior, y tras una profunda reflexión de las cosas que merecen y son posibles cambiar, debes enfocar tus energías en lograr cada una de ellas a la vez.

En la medida que te traces la tarea de hacer un cambio a la vez estará más cerca de lograr la regulación de cada una de las cosas que debes cambiar, y desde luego que esta es la manera de enfocar todas las energías en esto, y la garantía de cambio será mucho mayor.

Fíjate el objetivo

El primer paso para lograr un objetivo a la vez será optar por lo que quieres trabajar de ti haciendo un juicio de prioridades, lo que quiero decir es que tienes que lograr establecer cuál es el área de la vida que requiere el cabio de manera urgente, este lo vas a anotar en tu diario de trabajo (este diario es cuaderno o libreta que vas a tomar para hacer un seguimiento de los progresos significativos que hayas podido dar en dirección de tu cambio interno).

Divide el logro en pequeños objetivos

Sería completamente inútil que hagas un edificios sin escaleras ¿no lo crees? De la misma manera es completamente un sinsentido trazarse una meta y verlo como un todo, no es posible lograr el resultado esperado en esa condición, el secreto de lograr el éxito en este tipo de emprendimiento en la vida, siempre va a ser que la meta que se ha trazado sea dividida en pequeños objetivos.

De lo contrario tratar de llegar al último piso de un edificio sin evaluar la dificultad de hacerlo sin escalera será completamente inútil si quiera intentarlo, por esta razón todo edificio entre la planta baja y el último piso hay un grupo adicional de pisos que te harán el trabajo más fácil,

Por lo tanto es importante que hagas de tu propósito un pequeño grupo de objetivos, que en conjunto serán los que te den el resultado final en la meta que te has trazado.

No inicies un nuevo objetivo mientras no hayas alcanzado el anterior

Sigo insistiendo en el factor enfoque, nada vas a lograr si quieres hacer todo a la vez, esto puede generar una especie de efecto embudo, o cuello de botella, es el punto en el que se te van a acumular todas las cosas y finalmente harán un trancón en el que no será posible llevar a cabo progreso en ninguna de las áreas, por ello, antes de tomar otro aspecto de tu vida que requiere de tu atención, y de cambios, debes asegurarte que has culminado el que ya vienes realizando.

A vivir el presente

Después de ver todo lo que hemos manejado en este capítulo hasta ahora, llega el punto más importante, vivir aquí, pero justo ahora, ya mencioné antes, lo importante de este aspecto de la vida, el presente es la única cuota de vida real con la que contamos, por más que queramos abarcar mucho, no podemos acceder a ninguna etapa de la vida más que la que estamos viviendo aquí y ahora.

Hay que ver lo siguiente, vivir en el presente no se trata solo de no ver hacia el futuro o no estar anclado al pasado, al decidir vivir en el presente quiere decir que se trata de disfrutarlo, evitar lo que ya mencione antes que es estar de manera constante lamentándote por cosas que ya pasaron o preocupándote por aquellas que quizás nunca pasen, vivir en el presente es estar consciente, saber que lo que estás viviendo ahora mismo posiblemente lo vas a añorar en el futuro.

Sobre esto último aprender a vivir en el presente es una de las principales tareas que la filosofía estoica nos ha dejado como legado, no obstante quiero darte la oportunidad que reflexiones en ello, voy a cerrar este volumen con un capitulo que va a encerrar estos principios valiosos que nos ha dejado el estoicismo como fundamento, y desde luego como las principales enseñanzas que serán los que encierren el ciclo de lo que necesitas aplicar en tu vida, para cambiar de manera definitiva y lograr lo que realmente significa la superación.

Ya te he mostrado de forma sistemática cuál es la manera en la que puedes darle el valor al presente que realmente tiene, además de darle el valor has podido aprender cómo vivir de manera que puedas sacar el mayor provecho de esto, es momento de dar las herramientas finales que el estoicismo nos ha permitido recibir como herencia, ¡veamos!

7

GRANDES LECCIONES DEL ESTOICISMO: EL SECRETO DE LA FELICIDAD

Cuando empezaste a leer este libro te has encontrado como punto de partida con un análisis sobre lo que es la felicidad, en consecuencia quiero que cerremos con la siguiente pregunta: ¿Qué es la realización personal? Pero además hay otra interrogante que quiero dejar despejada ya cuando estamos entrando en la recta final ¿cuál es consecuencia de cuál?

Entre las cosas que dije a principio estaba la idea que la felicidad no es un fin sino un medio, por lo tanto es normal que evaluemos el "para qué", es decir, a dónde es que dirige la felicidad. Todas estas interrogantes hacen necesario este capítulo, la manera de lograr la realización personal es siendo feliz.

La realización personal es la posibilidad de vivir una vida que pueda de manera fácil ser considerada como una vida plena, ya hemos descubierto tras lo que hemos aprendido en los capítulos anteriores, cuáles son las características que nos diferencian del resto de las personas, por lo tanto sabemos cuáles son las pasiones, cuáles son las capacidades, las virtudes están al descubierto, y sabemos todo plenamente de nosotros, estar realizado es tener la vida en una armonía perfecta entre cada una de esas cosas y estar ejecutando lo que realmente te apasiona en la vida mientras explotas cada uno de los talentos que hay en ti.

Por esto mismo te dije que no hay sentido en nadar contra la corriente, si tu diseño personal siente satisfacción tocando el violín, la plenitud la vas a encontrar siendo el mejor violinista que decidas ser. Solo resta una sola cosa, ver los pasos necesarios para que, tras ver cuáles son los talentos, las virtudes, y tus pasiones, puedas sacar el provecho hoy, justo ahora y lograr que la superación personal deje de ser un trofeo que este en la cúspide de una montaña, y se convierte en el vino que disfrutas y saboreas en este mismo instante.

Cada nuevo día es una nueva oportunidad para empezar

Alguna vez escuche una canción creo que en el plano religioso que decía algo como "ayer ya paso, mañana no sé si vendrá el día que debo vencer es el día de hoy" la verdad ni siquiera sé en qué termino lo decía, ni cuál era el contexto de la canción, solo sé algo, hay una gran verdad en ello, en esa misma dirección el estoico Seneca decía, "comienza a vivir y que cada día cuente como un nuevo comienzo".

No importa cuán duro pudo ser el día de ayer, qué más da si los resultados no son los esperados, al salir el sol se te está entregando en las manos una nueva página en la que podrás escribir una nueva historia, solo debes asegurarte de sacarle punta al lápiz, y la historia que vayas a escribir este día sea diferente a la de ayer.

La conciencia del pensamiento

Uno de los más insignes personajes de la filosofía estoica, el emperador romano Marco Aurelio enseño sobre esto: "si te angustia algo externo, en realidad no es eso lo que te angustia, sino la estimación que has hecho sobre ese asunto", en este pensamiento se encierra uno de los grandes principios del estoi-

GRANDES LECCIONES DEL ESTOICISMO: EL SECRE... | 131

cismo, la forma en que normalmente pensamos o aquello que creemos sobre ciertos asuntos, están fundamentados mayormente es en lo que hemos creído o decidido creer sobre ello.

Aún recuerdo como aquella niña que estaba atormentada por que vendría el fin del mundo y seria castigada por los terribles pecados que había cometido (aunque con sus 9 años no se daba por enterada cuáles eran los pecados), todo lo que había sobre esta niña era una estimación errónea sobre alguna lectura que alguna vez escuchara que alguien hizo en asuntos de religión, solo requirió un poco de explicación y algo de comprensión sobre este asunto para descubrir que todo lo que había en su mente, no era más que apreciaciones incorrectas sobre lo que había escuchado.

Ya no hay ninguna dificultad que pueda sacar tu vida del centro, solo necesitas entender cuál es el verdadero trasfondo de las situaciones que ocupan tu mente, y cambiar los paradigmas que te has hecho respecto a eso.

Acción propuesta

No tener la claridad de lo que quieres y debes hacer es el perfecto camino hacia ninguna lado, vivir el presente, ver el sol de la mañana y no saber de inmediato que es lo que sucederá ese día, es el error que puede mantener a las personas caminando por mucho tiempo sin llegar a ningún propósito, el estoico Seneca lo dijo de esta manera "un barco que no sabe a qué puerto navega, ningún viento le resulta favorable". Recuerdo una de las hermanas de mi padre estudio de todo, hizo cursos de manualidades, la repostería, hizo un pregrado en sistema y unas cuantas cosas más que ya no recuerdo en realidad.

Los años han pasado y la tía sigue intentando aprender cosas nuevas porque en realidad le cuesta mucho trabajo enfocarse en una sola cosa, no importa cuántas cosas en la vida te propongas ni importa cuánto quieras (desde lo irracional) hacer, lo que realmente marcará la diferencia entre vivir realmente en el presente, y eliminar lo superfluo de la vida, es estar enfocados cada día.

Todo tiene su tiempo

El sabio Salomón indicó que lo que se quieras realizar debajo del sol tiene un momento y una hora, de manera que la paciencia es el árbol cuyos frutos te permitirá llegar a buen puerto en la vida, pero debes saber una cosa, la paciencia no es enemiga de la productividad, mucho menos de la sana ambición, la paciencia es el ingrediente perfecto ante la proyección en la vida.

Querer hacer todo rápido, intentar llegar a la meta tomando atajos constantemente solo te llevará a correr los más grandes riesgos en la vida, estarás comprometiendo la calidad, pondrás en peligro tus proyectos, así que ve un paso a la vez haciendo lo que es debido ante cada paso.

Quizás menguante no ha llegado, pero si tiras la semilla fuera de tiempo por el simple hecho de querer ver frutos rápidos vas a perder el tiempo y perderás la semilla, lo mismo sucede si cosechas fuera de tiempo, solo dañaras el fruto.

La felicidad es el medio

Como lo dije al principio y lo he reiterado en varias oportunidades, no se trata de hacer cosas para llegar a ser feliz, se trata simplemente de ser feliz en el día a día, es disfrutar de todo lo que tienes a tu alrededor, de caminar pacientemente hacia los objetivos mientras disfrutas el camino, en esta dirección uno de los planeamientos del filósofo Seneca dice lo siguiente, "la verdadera felicidad es disfrutar plenamente el presente, sin depender ansiosamente del futuro".

134 | ESTOICISMO Y DUREZA MENTAL

En conclusión mi estimado amigo y muy apreciado lector, ser feliz y lograr la superación es vivir en el presente, pero vivir en plena armonía con todo cuanto nos rodea, con nosotros, con nuestro entorno, con el universo, aceptando con respeto y con actitud adecuada cualquiera sea la situación que se presente, logrando acumular grandes sumas de dinero, o viviendo en la más normal y simple de las modestias, solo que todo cuanto hagas cumpla con tus propósitos personales pero sobre todo te dé paz, y la paz no quiere decir que no se presenten obstáculo para lograr ciertas metas, lo que en realidad esto quiere decir es que pese a la adversidad que esto pueda representar, igualmente puedas dormir en paz esta noche.

Aprende a aceptar la muerte

Sorprendentemente, el único tema que nunca podremos evadir de la vida será la muerte, sin embargo es igualmente sorprendente lo difícil que suele resultarnos hablar sobre este asunto. Si hay algo que pertenece a todos y que tenemos todos los seres vivos en común es la certeza que tarde o temprano vamos a morir, sin embargo, la relación que culturalmente tenemos con este asunto es realmente complicado.

El grueso de los temores que tenemos en la vida es el temor a la muerte, cada vez que una persona activa el miedo y en consecuencia se pone en modo de defensa, todo lo que está haciendo es resguardar la vida, sin embargo, aunque hayas resucitado de entre los muertos, en algún momento volverás ahí.

Este es una de las enseñanzas más importantes del estoicismo para poder permanecer en el presente, vivir el aquí y el ahora y no perder la oportunidad de disfrutar cada instante de la vida, los estoicos no tenían ningún complejo con encontrase cara a cara con la muerte y aceptar el designio de la vida sin ningún problema, Leonardo Da Vinci lo dijo así, "de la misma forma en que una buena jornada te dará un dulce sueño, una vida bien vivida te dará una dulce muerte" morir bien requiere vivir bien, comienza ahora.

Son estos los principios más importantes del pensamiento estoico y son el compendio perfecto para que puedas completar todo el trabajo que ya desarrollé en todo lo largo de este libro, solo quiero que cada una de las ideas que te he planteado en este capítulo la puedas tomar como medio de reflexión y que sobre ellas medites a diario, la vida es más disfrutable de lo que hasta ahora hemos podido disfrutarla, si hacemos un análisis de seguro que más que felices hemos estado conformándonos solo con momentos de alegría, pero la felicidad es la plenitud y la plenitud se alcanza con la práctica de las virtudes los pasos para ello lo tienes aquí.

8

CONCLUSIÓN

A pesar que cada persona puede tener su propia definición sobre la superación personal, y muy a pesar además de lo que cada quien pueda estar realizando en la vida a fin de lograr lo que este tenga definido como felicidad, posiblemente no haya un solo ser humano que no piense en la posibilidad de realizarse en la vida, salvo algunas muy exclusivas excepciones, y salvo desde luego de las diferencias en cuento a la estructura mental y cultural de cada individuo, todos vamos caminando hacia esos rumbos.

No obstante, es muy normal que un gran número de personas, tras llegar a sus años maduros y cuando son arropados por la vejez, muchos suelen reflejar de alguna manera un tipo de insatisfacción por lo que vivieron, la pregunta es, ¿qué se necesita para lograr la plena satisfacción?

A pesar que la mayoría suele asegurar que está convencido de saber qué es lo que necesita para ser feliz, y que es lo que debe llevar a cabo en la vida para lograr la superación personal, los números de personas insatisfechas en el mundo son mayores.

Es normal escuchar frases como "la felicidad no es para mí" o "siempre algo se interpone entre la felicidad y yo", esto es consecuencia directa de la percepción errónea sobre la felicidad, lamentablemente las personas se mantienen esperando que la felicidad llegue de algún lado, y en ese sentido ha sido el enfoque general que le han dado a la vida en cada uno de sus aspectos.

Quien busca pareja busca la felicidad, quien busca un empleo busca la felicidad, quien quiere una carrera profesional es que busca la felicidad, y el que aspira un buen puesto dentro de la empresa quiere una cuota de felicidad, por ello hay tantos divorcios y sentimientos de frustración en muchas personas, mientras te mantengas buscando la felicidad en cualquier cosa menos en ti a ningún lugar vas a llegar.

En alguna oportunidad me tocó estar presente

cuando un joven fue a casa de un gran amigo mío a pedir la mano de su hija, para mí fue un momento muy incómodo y desee no estar ahí, pero la lección que estaba a punto de aprender sería más que suficiente para que estar ahí valiera la pena.

Recuerdo que una de las cosas que este joven le dijo a mi amigo, "yo quiero hacer a su hija feliz" mi amigo le respondió, que si era eso lo que quería darle a la hija podía irse tranquilo y no volver, ella es una chica feliz, y la hija asintió con la cabeza y una cara de picardía.

Hemos aprendido una montaña de frases románticas sobre la felicidad y la superación personal, que no guardan ningún tipo de realidad con la verdad, y que en lugar de aportar algo en función de la verdadera felicidad lo que termina es por alejar a la persona de ella.

En este volumen me he empeñado en deslastrar el concepto de felicidad de toda idea sin sentido en torno a ella, he dado todo por que puedas encontrar y tener una verdadera interpretación sobre este asunto, y en consecuencia puedas enfilar tus pasos hacia lo que representa la felicidad en el correcto sentido de la palabra, pero partiendo desde una de las escuelas filosóficas cuyo pensamiento guarda unas de las enseñanzas más destacadas e importantes además de certeras respecto a lo que es la felicidad.

La escuela estoica es un sistema de pensamiento que tiene una estructura doctrinal que no precisa de ningún tipo de dogmatismo para abrazarte a sus preceptos y ver en la vida real, cómo sus principios pueden ser el comienzo de una nueva vida, de realización verdadera y autentica felicidad.

No obstante quise empezar este volumen regalándote un recuento algo resumido pero muy completo sobre la historia de la escuela filosófica fundada por Zenón, en el primer capítulo te dejé la reseña histórica, la evolución y como esta escuela paso de ser un grupo de pensadores que se paraban a refutar antiguas escuelas de pensamiento donde incluso este hizo vida antes, dando sus discursos y estableciendo sus teorías respecto a las cosas más importantes de la vida, llegó a convertirse en una de las escuelas de pensamiento más importante de su tiempo y de los años siguiente a su muerte

Fue tal el impacto de esta escuela que el imperio romano que era un imperio naciente por aquellos años, adoptó la estructura de pensamiento de Zenón y toda su doctrina como modelo filosófico oficial, y esto fue así durante muchos años, casi 500 años de historia encierra una de las escuelas de pensamiento más importante de todos los tiempos, pero lo más importante es que su pensamiento no solo perdura, sino que la vigencia que posee ha quedado demostrado a lo largo de todo este libro.

Luego te he mostrado la realdad de lo que es el pensamiento positivo y por medio de la doctrina filosófica de los estoicos pudimos cambiar todo un paradigma que se ha formado o se ha querido formar alrededor de este tema, ¿Qué es el pensamiento positivo y sus verdaderas características? Esas interrogantes y muchas otras han sido aclaradas en este capítulo, con la intención de demostrar que la verdadera mente positiva no consiste en una idea absurda de negar que las cosas "malas" puedan suceder.

La verdadera mente positiva consiste en tener una mejor relación con esas situaciones normales de la vida que son dolorosas, que llore si hay que llorar, y sienta el dolor que deba sentir, pero luego hay que dejarlo pasar de largo y así seguir con nuestras vidas.

Para poder establecer esta relación saludable con las circunstancias adversas de la vida, es preciso entonces entender lo que realmente es algo por lo que hay que llorar o sufrir, o si en realidad solo se trata de una cantidad de ruido que está ocupando tu mente y te hace ver como sufrimiento lo que en verdad no lo es, por ello en el capítulo tres te hablé de lo que es la claridad mental, punto por punto de dejé completamente claro lo que son los ruidos mentales incluso te enumeré una serie de dichos ruidos.

Como despejar estos ruidos fue lo que quise enseñarte y de hecho te dejé completamente explicado en el siguiente capítulo donde pudiste ver en base a ciertos principios de la filosofía estoica cómo lograr el silencio en la mente pero además los beneficios de dicho silencio, finalmente te dejé los pensamientos más importantes del estoicismo que son los últimos detalles que te harían falta para establecer en tu vida la verdadera felicidad, la verdadera realización personal lo qué es el objetivo fundamental que me tracé al desarrollar todo este trabajo.

Es momento de comenzar a disfrutar del silencio en la mente y ver todo claro, borrar todo ese ruido de la mente y comenzar a vivir una vida al estilo de los grandes pensadores estoicos, es que ser feliz es completamente posible.

GUÍA PARA LIDIAR CON LA ANSIEDAD Y ATAQUES DE PÁNICO

EL LIBRO DE TRABAJO COMPROBADO PARA EL INTROVERTIDO PARA REMEDIAR LA ANSIEDAD Y SOBRELLEVAR LA TIMIDEZ: PARA NIÑOS, ADOLESCENTES Y ADULTOS

INTRODUCCIÓN

Mi estimado lector, ¿has sentido alguna vez temor de subir al avión, o mirar abajo cuando te encuentras en un edificio?, de ser así es posible que estés experimentando una manifestación de ansiedad que termina por convertirse en una fobia. Quiero darte una especial bienvenida a este trabajo que tienes en este momento, te invito a que te prepares a dar un vistazo a uno de los más completos estudios que puedes encontrar en este momento respecto a la ansiedad y todo lo que esta representa.

No tengo más propósito en este momento que ponerte frente a frente a las posibles situaciones que puedas estar manifestando en tu vida, y necesitas saber si en verdad es producto de algún desequilibrio ansioso o es algo normal. Lo que te he mencionado a principio de esta introducción es solo un pequeño ejemplo de los distintos trastornos de ansiedad que pueden existir, de hecho quizás sean los menos importantes, es posible que un alto porcentaje de personas que van a abordar el avión sientan un nivel de temor ante la idea latente que este pueda sufrir un desperfecto y precipitarse a tierra una vez haya emprendido el vuelo.

Pero esto es solo un pequeño síntoma, ya que sentir temor es algo normal, el temor puede llevar a desatar un estado de ansiedad y esa ansiedad es el medio por el cual puedes mantenerte a salvo ante un posible peligro, sin embargo, hay un nivel más preocupante de esta situación y es cuando dicho temor se convierte en una ansiedad incontrolable.

Entonces es sumamente importante poder definir qué es la ansiedad y aprender cuáles son sus características principales, de esa forma se puede manejar un concepto claro y entender si lo que puedes estar presentando es algo de lo que hay que preocuparse o no.

Pues justo en esa dirección es que va este libro, en el primer capítulo vas a encontrar la definición y los principales síntomas que se asoman en la vida de alguien que este presentando un cuadro de ansiedad a los niveles que pueda considerarse una patología.

La intensión es ir un poco más allá y no quedarnos solo en las vagas definiciones que no conducen a nada, ya que dichos conceptos son de fácil acceso en este momento puntual de la historia de la humanidad, se trata de aplicar estos conceptos al día a día, a la propia vida, no solo una teoría que se encuentre en cualquier libro de bachillerato, sino el cómo es qué esto que estamos presentando ahora mismo se convierte en algo que puedas comparar contigo mismo, que puedas aplicar en tu vida y saber si en realidad pudieras estar enfrentándote a un cuadro ansioso.

Sobre todo este primer capítulo va en dirección de aclaración, es que hay tantas dudas que surgen en este sentido por lo que se hace preciso convertirlo en un capítulo de orientación.

¿Sabes que es el estrés?

¿Cuál es la diferencia entre estrés y ansiedad?

Todas estas dudas quedan completamente resuelta desde el primer capítulo, y no es algo que resulte casual ni frívolo, sino que no existe una mejor manera de iniciar este libro que despejando esta duda en particular, ya que durante mucho tiempo se ha tenido la tendencia de confundir una y otra, o sea, se ha manejado estos dos términos de manera indiscriminada, como si se tratara de uno solo, y esto es importante aclararlo para poder lograr el objetivo principal de este libro que no es otra cosa que brindar la orientación necesaria a las personas que puedan estar padeciendo un trastorno de ansiedad, pero que tienen la determinación de superar dicho cuadro.

En consecuencia surgen los siguientes capítulos, ejemplo, en el capítulo numero dos vas a encontrar un detalle muy amplio e interesante de los distintos tipo de ansiedad y como se manifiestan estos en la vida de un individuo, desde los más preocupantes o peligrosos por sus propias características y las reacciones que puede ocasionar, hasta las expresiones más comunes que puedes hallar en este tipo de situaciones como las que mencione al comienzo.

Hay que considerar con mucha importancia e interés este tipo de situación ya que no solo se trata de una condición que queda limitada al aspecto mental, (que ya de por sí es un problema serio), sino que esto puede trascender a otros planos más visibles y puede generar situaciones alarmantes y de mucho cuidado como el plano físico, ya que una persona que se encuentra padeciendo un posible cuadro de ansiedad en casos que se vuelven severos pueden verse involucrados en enfermedades reales que pueden alterar el rumbo de las vidas de los individuos que padecen este mal.

Pero no solo en el plano físico, no se trata solo de la enfermedad que esto pueda ocasionar, sino que puede ir más allá, y trascender al plano social.

¿De qué manera puede afectar una persona ansiosa a la sociedad?

La verdad es que de muchas maneras, algunas no tan peligrosas otras si, sin embargo evaluemos un caso hipotético. Una persona que sufre de fobia social se encuentra de manera irremediable en un caso de aglomeración de personas, esto puede desencadenar una reacción violenta que puede convertirse en un potencial peligro tanto para sí mismo, como para aquellos que les rodea.

No obstante, es a través de un tratamiento psicoterapéutico que se puede tender de mejor manera la mano a las personas que estén atravesando este tipo de patologías, hacia allá es que camina el tercer capítulo, en este vas a encontrar una serie de técnicas psicoterapéuticas con las que vas a encontrar la manera de manejar cada una de las situaciones descritas en el capítulo dos.

Quiero subrayar desde ya que todos los procedimientos que te estaré señalando en el tercer capítulo son métodos completamente avalados por la psicología moderna, sin embargo de ninguna manera serán reemplazo a un terapia directa con algún experto en psicoterapia, sino que las estaré dando a manera de referencia, pero el deber mi apreciado lector es que mantengas como prioridad sentarte en el diván en alguna clínica especializada en psicología, sobre todo en el área que nos compete en este momento como es el caso de la ansiedad.

Ante todo lo que acabo de decir, se hace necesario quizás redundar un poco aun sobre un asunto, no solo se trata de mostrar las técnicas que en el capítulo tres estaré brindándote, sino que quiero mostrarte casos puntuales, pruebas reales que indican que si es posible, que en verdad se puede superar la ansiedad. Para ello te regalaré una serie de historias y testimonios reales de personas que fueron afectados por algún tipo de fobia y como lograron superarlo.

Pero además vamos a evaluar la manera en como

estas personas lograron superar los problemas de ansiedad, de manera que esta situación quizás pueda servir y ser aplicada en tu propia vida de acuerdo al caso particular que puedas estar enfrentando.

Estás frente a uno de los libros más importantes y prácticos que puedes haber leído sobre el tema de la ansiedad, quizás no se ha tomado en cuenta la verdadera importancia que tiene este tema en la sociedad actual y como es que los miedos y temores puede limitar a una persona impidiéndole incluso la posibilidad de tener un mejor futuro en la vida, sí, es que los efectos de dicho flagelo pueden ser tan determinante que hay una no remota posibilidad de detener el avance y por ende el futuro de muchas personas, de acuerdo a las distintas expresiones de ansiedad puede manifestarse:

- Aislamiento
- temor a estar en grupos por lo tanto imposibilidad de seguir algún tipo de preparación académica
- alteración del ritmo cardiaco
- comportamientos alterados o agresivos

Solo son algunos de los efectos que pueden presentarse tras esta situación, y los efectos puedes ser realmente devastadores para algunos. En ello radica la importancia de este libro, en poder demostrarte las razones claras y objetivas del por qué debemos darle la importancia que de hecho le doy a este asunto, en el capítulo cinco estaré esgrimiendo un buen número de razones por las que es preciso trabajar con las técnicas que puedes encontrar en este volumen, y así aumentar la urgencia de prestarle mayor atención al tema de la terapia psicológica.

Entonces estaré tratando el tema relacionado a las razones claras enfocados hacía los beneficios que deja en tu vida la determinación por superar los posibles cuadros de ansiedad por los que puedas estar atravesando,

En primer lugar puede servir como prevención si estás viendo que apenas se asoma la posibilidad de alguna de esas situaciones emocionales, o para superar la que ya esté afectando. Recuerda que la ansiedad no es algo con lo que se nazca de manera intrínseca, aunque es cierto que algunos indicios del temperamento puedan inclinar la balanza a un lado de esta condición, pero es algo que de lo que puedes tener perfecto control, el resto es algo que quiero que evalúes por ti mismo.

¡Bienvenido a "Ansiedad: Cómo superarla"!

1

LA ANSIEDAD Y SUS SÍNTOMAS

E s sumamente importante que al iniciar este trabajo, del que estoy convencido representa un tema vital en tu vida, comencemos por despejar todas las dudas que puedan tener lugar aun en ti sobre la ansiedad, y así poder aclarar qué es y qué no es la ansiedad, igualmente descubrir si cuando hablamos de ansiedad nos estamos enfrentando a una condición necesariamente clínica o a un estado normal del ser humano.

Trataré de explicarlo mejor: La ansiedad es un mecanismo de defensa del organismo que requiere de su aparición para la resolución de algunas situaciones específicas, es decir que la ansiedad es una manifestación de alerta que nuestro organismo utiliza como herramienta ante la posibilidad de estar en algún riesgo o peligro.

Este mecanismo de defensa inicia desde el mismo momento de nuestro nacimiento, evidentemente encontrase en la vulnerabilidad que se encuentra todo individuo una vez que está fuera del vientre materno resulta un verdadero shock, esto dado a que la amplitud del mundo que está a su alrededor en este momento es tan contrario al confort y la seguridad que tenía en su estado anterior, que crea un estado emocional de desequilibrio.

¿La ansiedad es buena o es mala?

Esto es lo primero que se debe valuar, está bien o está mal la ansiedad, El ser humano está en una constante situación que puede mantenerlo en un estado de tensión de manera casi normal, es decir, todas las situaciones de la vida a la cual nos enfrentamos cada día pueden requerir una atención especial con el objetivo de resguardar la integridad desde cualquier óptica, desde que en nuestra niñez nos toca ir al jardín y enfrentarnos por primera vez a un mundo lejos de la protección de los padres, esto puede ocasionar un estado de alteración en las emociones por razones que son más que obvias.

En consecuencia de lo antes dicho se puede afirmar que la ansiedad no es algo que deba representar algo malo en sí mismo, sino que este mecanismo está diseñado para crear un estado de seguridad ante la posibilidad de un peligro.

Asumamos que saliste tarde de trabajo y te tocó atravesar una calle solitaria y oscura, desde luego estarás alerta de la posible aparición de un peligro, pero asumamos que en dicho trayecto notes que detrás de ti hay una persona que viene acercándose con una actitud un tanto sospechosa, esto va a desatar un estado de ansiedad de manera inmediata con el propósito de resguardar tu seguridad ante la aparición del potencial peligro.

Ante el escenario que acabo de plantearte tu cuerpo comenzará a asumir algunas reacciones particulares que es lo que se termina de identificar por algunos como un ataque de ansiedad, a saber: aceleración del ritmo cardiaco, sensación de hiperventilación, la paralización de algunas funciones del organismo que no sean potencialmente importante para la supervivencia (por ejemplo el proceso de la digestión), la aparición de una visión un tanto borrosa, etc.

Todos estos síntomas no ocurren de manera fortuita y sin ningún propósito, de hecho estas son las reacciones que asume el organismo humano como medio de supervivencia. Los latidos del corazón aumentan su ritmo y frecuencia ya que necesita bombear más oxígeno hacia las extremidades, justo porque se sobreentiende que posiblemente debas asumir dos acciones que requerirán de dicho oxígeno, bien sea asumir la decisión de escapar o la de luchar.

Por otro lado como consecuencia de lo anterior es completamente normal que la respiración se agite, la visión borrosa aparece por un cambio de prioridad en el enfoque de la vista, en lugar de ver con nitidez lo que está cerca, solo está enfocado en detectar si hay más peligro alrededor, por lo cual amplía el radio de visión favoreciendo la detección de más peligro en la distancia.

Las personas que suelen padecer trastorno de ansiedad pueden identificar todas estas reacciones como potencialmente peligrosas, pueden pensar que están al borde de un colapso, un infarto, sensación de desmayo entre otros. No obstante la realidad es otra, todo es un proceso biológico de salvaguarda.

Esto responde la pregunta inicial, no está mal la ansiedad, de hecho está perfecta para mantenerte a salvo, ¿entonces en qué punto comienza esta condición a convertirse en peligro?

Ansiedad vs estrés

Es cierto que la ansiedad y estrés son dos definiciones que por lo general se ha tenido la creencia que se tratan de la misma cosa, de hecho se suele hablar de ellas sin discriminación de diferencia, pero ¿cuán cierto es que se trate de lo mismo?, para poder avanzar con lo que te he planteado al principio de este capítulo, vamos a hacer un cuidadoso análisis para establecer la diferencia que existe entre estas dos condiciones.

Por lo general la dificultad que se presenta a la hora de poder determinar la diferencia entre estrés y ansiedad, surge en el hecho de tener que definir adecuadamente estos términos, en distintos niveles o intensidad de los síntomas que estos presenten, o por las causas que llevaron a la aparición de dichos síntomas.

Otra de las dificultades que pueden ocurrir a la hora de hacer un separación entre una y la otra, es el parecido que suele haber entre ambas por los síntomas similares que pueden aparecer en los dos casos. Pero para despejar el camino sobre este asunto debemos iniciar por establecer las diferencias entre una y otra.

Diferencia entre el estrés y la ansiedad

Como acabo de mencionar, vamos a evaluar la diferencia que existen entre estas dos condiciones emocionales, para ella te haré una pequeña lista en la que vas a poder encontrar las características fundamentales que pueden aclarar esta confusión.

La fuente del estrés:

En el caso particular del estrés la fuente de donde provienen sus síntomas está fundada en la carencia de la posibilidad de resolución de algunos problemas o circunstancias particulares de la vida, en algunos casos puede no existir tal carencia, pero existe la creencia de no poseer la capacidad de resolver el asunto en cuestión, por ejemplo un estudiante que tiene como normal estudiar siempre justo antes del examen aunque sepa de memoria todo el examen que va a presentar, sino cumple con su ritual acostumbrado de refrescar la memoria antes del examen puede llegar a estar convencido que no está listo para presentar el examen y se bloquea completamente.

Lo mismo da si es cierto que no está listo para dicho

examen, lo que viene con toda seguridad es una situación de estrés que está desencadenada por creer que no podrá realizar el examen.

Fuente de la ansiedad

En el caso particular de la ansiedad el origen puede provenir de fuentes un tanto más difusas, explico: como expliqué un poco antes, la ansiedad surge ante la presencia del peligro, tal como en el ejemplo que te he dado al principio, pero en contraste a esta realidad se puede observar que en algunos casos (y es aquí donde comienza esto a convertirse en patología) se puede manifestar la sintomatología de la ansiedad sin que haya un peligro aparente.

En consecuencia lo que intento mostrarte es que los síntomas que generalmente se pueden presentar en los casos de ansiedad pueden no ser realmente objetivos, es decir que puede que no haya causas reales sino que exista una creencia de un peligro que en realidad no hay, pero esto explota de manera inmediata los síntomas de la ansiedad.

Las emociones propias del estado de estrés

Otro de los aspectos que separan el estrés de la ansiedad, puede ser el asunto de las emociones que se experimentan en cada uno de los casos, particularmente en el caso del estrés se suele encontrar como síntomas claros de esta condición situaciones particulares como frustración, que es la consecuencia directa de la preocupación por la causa que está generando el estrés, es una mezcla de nerviosismo con los síntomas anteriores, que terminan por generar un sentimiento de irritabilidad y en algunos casos puede convertirse incluso en tristeza.

Las emociones del estado de ansiedad

En el caso de la ansiedad lo que predomina es una sensación de miedo, la persona que se encuentra en estado de ansiedad generalmente está alerta ante el sentimiento de encontrase constantemente en peligro. Ante esta realidad suele suceder que, como ya mencioné la ansiedad en muchos casos no esta fundamentada en situaciones objetivas, sino que puede surgir como consecuencia de miedos infundados, peligros que en realidad no hay.

Veamos por ejemplo el caso de los niños que constantemente tratan de mantenerlos en calma y para ello utilizan historias como la de un mítico personaje que vendrá a comerlos si hacen las cosas mal, estos pueden desarrollar este tipo de condiciones ansiosas. Su organismo puede entrar en alerta constantemente basado en un peligro que es ilusorio, algo que realmente no existe.

Muy bien, ya que hemos establecido una clara diferencia entre el estrés y la ansiedad es el momento de enfocarnos claramente en el aspecto fundamental que nos compete ahora, y es el tema de ansiedad, quiero que me acompañes a evaluar cada una de las causas del estrés, las consecuencias y las diferentes maneras en que se manifiesta esta condición en la vida del individuo.

Causas de la ansiedad

Ya he mencionado de forma resumida, de dónde proviene la condición de la ansiedad desde la óptica natural como mecanismo de defensa del ser humano, sin embargo, en este momento quiero llevarte a conocer cuáles son las causas principales por las que la ansiedad puede llegar a convertirse en una patología, cuáles son los motivos que pueden desencadenar esta situación en la vida del individuo.

Debemos partir de la siguiente idea, y es que al tratarse de ansiedad como un problema clínico, puede que sea un poco complejo poder encontrar una definición puntual de lo que pueda ser el detonante de dicha condición, pero es muy posible que esté ligado de manera muy estrecha en la vida a ciertas situaciones como traumas.

Pero no solo esto, de acuerdo a estudios muy importantes en el campo de la medicina se ha logrado determinar que la ansiedad puede resultar el síntoma directo de alguna enfermedad oculta, lo que implica entonces que la ansiedad puede ser una reacción fisiológica, por ello en algunos casos en los que no se logra determinar de manera fácil qué puede estar generando un estado de ansiedad, es muy posible que se remita a un estudio profundo de la persona para tratar de descubrir si es que hay alguna enfermedad de por medio que aún no han descubierto.

En consecuencia de todo lo que acabo de mencionar podemos concluir que la ansiedad es una situación que tiene múltiples detonante, veamos algunos de ellos:

Estrés laboral

Este es una causa muy común de ansiedad, el ámbito laboral se lleva en el mejor de los casos una tercera parte de nuestras vidas, sin embargo aunque es algo necesario, este aspecto representa un detonante muy común de ansiedad, sobre todo en casos cuyo contexto particular convierte los puestos de empleo en un problema para muchos, dado que son muchos los países que pueden estar atravesando una situación económica difícil y esto convierte los puestos laborales en objeto de competencia.

Por lo tanto el hacer bien o excelente el trabajo, el peligro de la competencia, y cualquier otro factor que genere estrés en el ámbito laboral, puede terminar por desatar temor y en consecuencia un estado de ansiedad.

Presión financiera

Esta es otra de las causas muy frecuente que tiene la tendencia de desatar un estado de ansiedad en los individuos, la constante preocupación por el factor dinero, las deudas y cualquier situación que esté directa o indirectamente relacionada con este asunto, es, en días como los actuales una de las principales causas por las que hay un gran número de personas sufriendo severos cuadros de ansiedad.

Situaciones sentimentales

En efecto las situaciones de características sentimentales suelen generar estados de ansiedad, la separación de una pareja, o ante la creencia que es inminente la ruptura familiar por medio de una separación o la desaparición física de algún ser querido, todos estos elementos con este tipo de características pueden ser detonantes de estrés.

Enfermedades

Enfrentar o tener que enfrentar un análisis médico y sus posibles resultados, es una situación realmente difícil de vivir, esto puede generar estados de ansiedad, estar enfrentados a la posibilidad de ser víctima de alguna terrible enfermedad es un generador casi inmediato de ansiedad.

Cambios bruscos y repentinos

Los cambios naturalmente suelen ser profundos generadores de estos problemas, pero esta condición se intensifica en los casos que estos cambios deban generarse de manera repentina y muy brusca, por ejemplo, el caso de aquellas personas que han debido enfrentarse a catástrofes naturales, y lo han perdido todo, deben enfrentarse a la situación de salir de su lugar de seguridad a lugares nuevos, posiblemente desconocidos, esto puede ocasionar profundos estados de ansiedad en el individuo.

Estos que acabo de mencionar son solo algunos de los factores que pueden considerarse como los más comunes detonadores de ansiedad en las personas.

Desde luego que no son los únicos pero en este sentido el deber de cada persona que esté atravesando por estos cuadros ansiosos es descubrir cuál es la causa de su ansiedad, ya que como bien ha quedado claro en estos pocos ejemplos esta situación puede venir por causas muy personales y superarlas requiere de un autoanálisis.

¿Cómo saber cuándo se puede hacer presente un estado de ansiedad?

Para poder descubrir si estamos a la puerta de un ataque de ansiedad, es importante que estudiemos ahora los síntomas que generalmente se hacen presente ante una situación como esta, de esta manera será posible estar al tanto de lo que está por venir y para los estudios que haremos en los capítulos posteriores, será este paso vital en aras de conseguir de forma definitiva la salida para superar estos cuadros.

Síntomas que presenta la ansiedad

Vamos a ver ahora de forma detallada los principales síntomas que presenta un cuadro de ansiedad, en función de la superación de la ansiedad y sus consecuencias en nuestras vidas, te invito a prestar la mayor atención a esta lista que te traigo en este momento y la mantengas presentes para los pasos futuros.

- Nerviosismo, constante tensión y algunos síntomas de agitación
- Insomnio
- Escenarios de hiperventilación
- Continuos temblores en el cuerpo
- Alto nivel de sudoración
- Seria dificultad para concentrarse
- Preocupación constante e incontrolable
- Evidente aumento del ritmo cardiaco
- Problemas como gastritis

Son estos los principales síntomas que aparecen ante un cuadro de ansiedad, de hecho son los primeros signos que suelen aparecer ante los detonadores, estos pueden venir apareciendo de manera progresiva, por lo cual estos síntomas pueden ser percibidos como medio para identificar la futura llegada de un cuadro de ansiedad.

Pese a que la ansiedad es una situación única esta tiene la característica de identificarse de acuerdo a las causas que suelen ser las desencadenantes de dicha situación, y en base a esas circunstancias particulares podemos hacer una clasificación de la ansiedad.

En consecuencia de todo lo antes dicho hemos podido abrir un panorama en el que se ha podido aclarar algunas dudas muy importantes sobre el tema de la ansiedad, lo más importante es justamente eso, poder saber qué es y qué no es la ansiedad, pero es preciso en este momento evaluar las diferentes manifestaciones de la ansiedad y poder conocer las características fundamentales que se presenta en cada una de estas manifestaciones, para ello avanzamos al capítulo número dos.

2

TIPOS DE ANSIEDAD Y SUS CARACTERÍSTICAS

Desde el inicio de este volumen una de las cosas que he dejado claro es que la ansiedad no es una condición que sea dañina en sí misma, de hecho es una condición muy necesaria para la supervivencia del individuo, ya que la ansiedad es la que genera la alerta ante situaciones de riesgos, si estás en casa y de pronto sientes que comienza a ocurrir un temblor, la ansiedad que esto genera será la que permitirá que puedas trazar de manera más rápida una ruta de escape segura, ya que podrás detectar dónde se encuentra el potencial peligro, y dónde están las vías de salida, por consiguiente esta situación no es algo de lo que haya que preocuparse.

No obstante hay un momento muy particular que

requiere especial atención, me refiero al punto en el que una situación de ansiedad se descontrola al punto de llegar a convertirse en una patología. Un estado de ansiedad deja de ser algo normal en el momento en el cual esta se convierte en una situación desproporcionada.

Lo anterior significa que, cuando una situación de ansiedad deja de ser una herramienta para lo supervivencia ante situaciones de conflictos vitales, y se convierte en una situación que aparece sin razón (al menos reales), pero además que los niveles de preocupación que genera este estado son exageradamente elevados, pero agreguemos a eso el hecho de ser una situación que se extiende en el individuo demasiado en el tiempo, es evidente que estamos ante un cuadro patológico, ya no es la ansiedad un medio para librarte del peligro, al contrario, esta ansiedad es un peligro para tu vida.

Las condiciones descritas son las que convierten la ansiedad en algo patológico, pero las circunstancias que llevaron a ello, pueden variar mucho, y eso es lo que determina cuál es el tipo de ansiedad que se está padeciendo.

Trastorno obsesivo compulsivo

Ante todo vamos a hacer una evaluación a las características principales de esta condición y justamente son dos como no los indica el mismo nombre, es decir "la obsesión y la compulsión", estas son las marcas principales de los que padecen esta condición.

En primer lugar observemos que la cualidad obsesiva está determinada por una condición de hacer una fijación en una cosa, por ejemplo, imaginemos el caso de la persona que ante un trauma por presenciar un accidente automovilístico, que ocurrió por el desperfecto en los frenos del auto que estuvo involucrado en la situación, se convierte en una obsesión el tema de los frenos, cada vez que va a salir en su coche revisa que estos estén bien.

Ahora ben no está para nada mal que haya un nivel de prudencia y se tenga un buen cuidado del comportamiento de los frenos, la obsesión consiste en que la idea de un posible desperfecto en los frenos sea algo que permanezca en la mente y no desaparezca.

Entonces aparece la compulsión, esto es un deseo incontrolable por probar y asegurarse que los frenos estén funcionando bien. En consecuencia se presentan los comportamientos compulsivos, estos comportamientos son los que se ven y muchas veces parecen inexplicables, por ejemplo un comportamiento compulsivo que puede aparecer en el chofer del caso que estamos hablando es comenzar a frenar el coche de manera repentina como medio de saber si están funcionamiento o no el sistema de frenos del vehículo.

Frente lo que acabamos de ver encontramos que una característica aparente de las personas que padecen el trastorno obsesivo compulsivo, es la aparición de conductas que no presentan de forma clara (al menos para el entorno) ningún tipo de desencadenantes, sino que las acciones compulsivas aparecen "de la nada", no obstante la realidad es que las causas de dicha obsesión está en la mente del individuo.

Características del trastorno obsesivo y compulsivo

A continuación quiero hacer una lista de las principales características que suelen presentar las personas que se encuentran afectados por el trastorno obsesivo compulsivo. Quiero resaltar que no necesariamente se trata de implicar que el orden que daré a continuación tenga algún tipo de valor particular, estas son las características comunes que suelen manifestar las personas que se encuentran tras este tipo de patología, desde luego de acuerdo a las causas de dicha condición podemos encontrar:

- Un constante temor por no contaminarse, por ello siente miedo de tocar cualquier objeto
- Obsesión desmedida por el orden
- Exagerado sentimiento de angustia por imágenes mentales, estas pueden estar relacionadas con traumas personales como abusos físicos, verbales o sexuales
- Constante sentimiento de peligro e inseguridad
- Constatar una y otra vez si realizo actividades que le "garanticen" seguridad como pasar llave a las puertas o verificar el estado de su auto

Estas características pueden ser variable de acuerdo al tipo de obsesión que presente cada persona en particular, sin embargo los patrones de conducta suelen ser similares, por regla general se trata de comportamientos repetitivos, que la persona se siente en la obligación de llevar a cabo, en algunos casos pueden presentarse episodios de violencia ante la idea de estar frente a un peligro que en realidad no existe.

Trastorno ocasionado por estrés postraumático

Este tipo de trastorno suele aparecer tras una experiencia muy dura vivida por el individuo, se trata de un hecho acaecido en su vida, que generó un terrible impacto en la persona al punto que el dolor recibido como consecuencia de dicho evento quedó en su mente pero en una zona muy consciente, al nivel que está recordando ese episodio de manera constante, reviviendo el dolor que le ocasionó dicho evento.

Este tipo de trastorno ansioso tiene como característica que se encuentra basada en la memoria emocional del individuo, es decir que los recuerdos que el individuo tenga respecto a este asunto se han alojado disfuncionalmente en el cerebro, de manera que eventualmente están apareciendo regresando el sentimiento de dolor y angustia que vivió el individuo en el momento que atravesó por dicho evento traumático. Este tipo de trastorno es muy común en esas personas que han debido atravesar por situaciones duras como guerras o conflictos difíciles que le marcaron la vida, y de los que ha sido muy difícil recuperarse.

Características del trastorno por estrés postraumático

Vamos a ver por un momento lo que la asociación americana de psiquiatría tiene que decir respecto a este tipo de trastorno en particular, esto en dirección de las características en común que pueden tener las personas que padecen este tipo de patología.

Exposición a un evento traumático

1. en primer lugar han atravesado por experiencias traumáticas que pueden haber experimentado de manera directa algún tipo de peligro, o en su defecto se ha enterado de la posibilidad de haber estado expuesto a alguna amenaza que puso en peligro su vida o la vida de alguien muy cercano a esta persona
2. El individuo que le ha tocado vivir la experiencia en cuestión ha reaccionado con un sentimiento profundo de miedo, terror o desesperanza

Se revive de manera continua dicho evento traumático

1. En este sentido, la persona que ha sido objeto de dicho trauma suele encontrarse recordando de manera muy repetida el evento traumático, lo cual le genera de manera recurrente malestar, y profunda tensión, ya que el recuerdo mismo le agrega imágenes, sonidos, y todo tipo de elementos que genera un estado emocional descontrolado, que termina por crear el mismo estado emocional que vivió en dicho evento

2. Las personas que atraviesan esta situación suelen tener sueños de manera recurrente con el acontecimiento traumático, esto suele generarles mucho malestar

3. El individuo puede tener la tendencia a revivir la situación que le ha marcado, ya que puede sentir en muchas oportunidades que está sucediendo en el presente, de hecho suelen sentir que están inmersos en medio del episodio que les causo el trauma, es decir, puede alucinar, experimentar episodios disociativo, como especies de flasback, etc

4. La simple aparición de cualquier elemento que guarde relación con el evento traumático (bien sea algo de la mente o en el

plano físico) puede generar un enorme malestar en el individuo

Evita de manera exagerada cualquier situación que pueda recordarle el episodio

1. El individuo suele mostrar una resistencia muy marcada por no recordar esos episodios que le recuerdan la situación que generó el trauma, esto es acción directa del miedo
2. Igualmente trata de evitar cualquier tipo de actividad social que le genere recuerdos
3. Crea un estado de desapego severo hacia las demás personas o el desapego por actividades que normalmente serían significativas, como reuniones por cumpleaños o festividades sociales
4. Se puede crear un desapego muy marcado por relaciones afectivas, no sabe ni mostrar ni recibir afecto

Esta lista muestra unas de las características principales que pueden surgir como consecuencia de esta condición, sin embargo no necesariamente deben ser las únicas, todo va a depender directamente de la situación particular que haya vivido cada individuo en el que puedan manifestarse otra serie de síntomas que están conectadas con el mismo tipo de ansiedad que estamos tratando en esta ocasión, por ejemplo pueden agregarse a dicha lista manifestaciones como: repentinos ataques de ira, un estado desmedido de vigilancia, problemas para lograr conciliar el sueño, sobresaltos exagerados, etc.

Trastorno de pánico

En esta ocasión quiero mostrarte una situación que es bastante complicada, se trata de un individuo que desarrolla un nivel de miedo realmente fuerte ante la idea de poder morir de forma inminente, sin que haya una razón aparente, de hecho en muchos casos el individuo es consciente que el sentimiento no está basado en una situación objetiva, sino que es producto de un estado emocional desequilibrado, pero aun así el estado emocional es severo e incontrolable (miedo al miedo).

¿Cuáles son los síntomas frecuentes del trastorno de pánico?

Los síntomas comunes de este tipo de trastorno suelen ser bastante agotadores, y por lo general pueden incluir situaciones como ataques de pánico repentino e inesperado, en consecuencia de esta situación la persona queda con los nervios severamente alterado, por lo que asegura en su interior que le llegada de otro ataque de pánico como este será inminente.

El trastorno de pánico se comporta como una especie de reacción en cadena ya que al percatarse que esta situación es algo cuyo origen no es real sino que actúa como desde el ámbito de las emociones, suelen aparecer miedos alternos al original, ahora se da cuenta que es algo patológico y comienza a sufrir de temores de sufrir un colapso, incluso de sufrir un paro cardiaco, intensificando así e problema original, esto es lo que se considera miedo al miedo.

Como consecuencia de todo lo que he dicho antes suelen aparecer otros síntomas que condicionan el comportamiento de las personas que están atravesando por esta situación, por ejemplo cierto nivel de aislamiento social, se puede dar el caso de evitar hacer deportes o actividades que impliquen un gran desgaste físico, ya que existe la preocupación latente de que cada una de estas situaciones puedan poner su vida en peligro.

Trastorno de ansiedad generalizada

Tal y como hemos visto ya con anteriordad, sentir

ansiedad es algo que puede considerarse como normal, tal y como expliqué antes es un mecanismo de defensa a través del cual nuestra mente nos alerta ante la posibilidad de estar en peligro, quizás se trate de peligro o no, por ejemplo: un joven que va a hablar con el padre de la novia si duda que va a experimentar una sensación de ansiedad.

De la misma manera podemos asumir otros casos hipotéticos para ejemplificar lo que trato de explicar, por ejemplo ante una entrevista laboral, la propuesta de matrimonio, la graduación de la universidad, etc., son innumerables las situaciones que pueden desencadenar un estado de ansiedad.

Pero en el caso particular del trastorno de ansiedad generalizada la situación suele en muchas oportunidades salirse de las manos, ¿a qué se refiere con salirse de las manos? Esta sensación suele extenderse por mucho tiempo, de hecho es tanta la situación que puede incluso extenderse por muchos días, las personas que están padeciendo de esta condición se mantiene constantemente en un estado de zozobra, preocupación, angustia, por las cosas más simples de la vida.

Síntomas del trastorno de ansiedad generalizada

De acuerdo al manual de diagnóstico y de estadísticas de los trastornos de ansiedad emitido por la asociación estadounidense de psiquiatría, el trastorno de ansiedad generalizada puede estar asociada a la aparición de solo tres de los síntomas que voy que mencionar a continuación.

- Un estado constante de inquietud, o de sentirse agitado
- Continua sensación de irritabilidad
- Siente que aparecen síntomas de fatiga de manera muy fácil
- Total dificultad (incluso la imposibilidad) de estar concentrado
- Problemas serios con el descanso nocturno
- Tensión muscular

Estos síntomas que he mencionado pueden lanzar un diagnóstico de trastorno de ansiedad generalizada como bien he dicho si existe en el individuo la presencia de al menos tres de estos ítems, pero en el caso de tratarse de los niños con uno solo de estos síntomas se puede dar el mismo diagnóstico, no obstante si lo vemos desde las conclusiones de la organización mundial para la salud, plantea que no hace falta que estas condiciones sean incontrolables para generar el diagnóstico que estamos tratando, en el caso de este organismo debería incluir situaciones como:

Síntomas como palpitaciones, temblor o incontrolables sacudidas del cuerpo, presencia elevada de sudoración, sensación de resequedad en la boca, presentar sensaciones como dificultad para respirar, algún tipo de sensación adversa en el área abdominal, deseos de vomitar, posiblemente sensación de ahogo, o malestar en el pecho.

Igualmente se suman a la lista anterior síntomas como desvanecimiento, sensación de debilidad en el cuerpo, la sensación de sentirse constantemente bajo presión, o considerar que está al límite, de igual manera se espera que este tipo de patología pueda arrojar sensaciones o síntomas menos específicos, entre los que podemos encontrar, unas respuestas excesivamente exageradas ante situaciones o sorpresas que en realidad no ameritan este tipo de reacción.

En conclusión, el trastorno de ansiedad generalizada suele ser una condición que no nace de una situación concreta ante escenarios específicos, sino que pueden aparecer en cualquier momento y a cualquier hora, por este motivo la atención psicológica es completamente vital en este tipo de casos.

Trastorno de fobia social

Este tipo de trastorno muchos suelen compararlos o confundirlo con la timidez, pero lo cierto es que la fobia social es realmente mucho más preocupante y acentuada que el caso de una simple timidez. Tener nervios, incluso miedo de hablar en público puede ser una situación completamente normal, sin embargo hablar de fobia social es mucho más que eso.

Encontrarnos frente a un cuadro de fobia social es estar frente a un individuo que puede estar completamente neutralizado ante la necesidad de establecer relaciones sociales, este tipo de temor no solo le genera cierto nivel de inseguridad o nervio ante las situaciones sociales, sino que puede llegar a paralizarse por completo

Esta condición puede interferir en la vida de este individuo, incluso modificar el transcurso normal de su vida, de manera que esta fobia es una de las que más suele afectar la vida social de las personas, trayendo como consecuencia:

- Dificultad para establecer nuevas relaciones amistosas y afectivas
- Sensación de aislamiento
- Estado continuo de soledad
- Dificultad para formalizar relaciones amorosas
- Sensación de frustración e la vida

Por ello es que podemos asegurar que la fobia social va más allá de una simple sensación de timidez, esto es un verdadero problema para quien lo está atravesando. Cuando hablamos de fobia social podemos hablar de personas que presentan una serie de características particulares que pueden arrojar este diagnóstico, vamos a ver cuáles serían estas características de las que me estoy refiriendo en este momento.

Característica de la personas con fobia social

Observa con mucha atención cada una de las cualidades particulares que puede presentar una persona que nos ayudaría a determinar que en realidad estamos ante un posible cuadro de fobia social, de ser así se puede notar en el individuo que lo está padeciendo, alguna de las siguientes características.

- Intenso rubor en la cara
- Puede presentar cuadros de malestar estomacal
- Sensación de nauseas
- Constante tensión en sus músculos
- Bloqueo en cualquier tipo de idea que pretendía proponer
- Aceleración del ritmo cardiaco
- Perdida del equilibrio, o sensación de aturdimiento

A causa de este tipo de situación, las personas que enfrentan este cuadro suelen asumir ciertas acciones características que son, al igual que en los síntomas que acabo de describir, una manera de determinar que estamos frente a un posible trastorno de fobia social, me refiero a acciones como evitar la cercanía o interacción con personas extrañas, incluso con personas que sean poco conocidas, dificultad para andar solo o asistir por su propia cuenta a actividades como fiestas o simplemente a situaciones que pueden ser completamente normal para el resto de las personas como ir al trabajo, colegio o universidad.

Existe otra serie de situaciones en el patrón de comportamiento en las personas con este cuadro, acciones tan simples como establecer contacto visual puede ser un verdadero reto, por ello el aislamiento de las relaciones sociales son tan amplias que pueden ocasionar que no logren ni siquiera poder estar en una cita. Para hacernos una idea sobre este asunto, podemos evaluar que incluso ingresar a una sala de espera en la que haya personas previas a él sentados, les puede causar seria incomodidad incluso malestar, tener que entrar a baño público o comer frente a personas desconocidas son situaciones que acostumbran evitar constantemente.

Agorafobia

Este tipo de fobia es más común de lo que se cree, las personas que padecen esta situación tienen la tendencia a no desear estar en lugares abiertos, la raíz del problema es poco conocida, aunque en realidad se cree que posiblemente esta situación aparezca en el individuo como consecuencia de algún posible ataque de pánico que haya sufrido con anterioridad.

Aunque es muy normal la creencia que la agorafobia es fobia directa a los espacios abiertos, la verdad es que el verdadero temor que surge a los que padecen este tipo de patología es al temor de encontrarse fuera de su zona de seguridad y no contar con la garantía de ser socorrido o tener una ayuda en el momento especifico que pueda presentar en dicho lugar público algún tipo de crisis, por esto no le resulta para nada sencillo estar en lugares en el que haya multitud de personas como eventos deportivos, conciertos u otros, plazas o puentes cuentan por igual entre otros.

Tal como en los casos anteriores quiero invitarte a que evaluemos cuáles son las características principales de las personas que sufren este tipo de fobia, y la manera en que estas se manifiestan en cada individuo de manera particular.

Características de la agorafobia

Cuando una persona padece este tipo de condición la principal señal que manifiesta es el temor de estar en espacios públicos o abiertos, ante esta situación suelen presentar los siguientes síntomas:

- Una extraña sensación de que el espacio abierto en el que se encuentra es un ambiente irreal
- Miedo exagerado por quedarse solo
- Marcada dependencia en los demás
- Sensación de desesperanza

- Mantenerse en casa sin salir durante períodos muy extensos
- Temor de perder el control cuando se encuentra en un espacio publico
- Surgen sensaciones de que los que le acompañan se están alejando mucho, cuando en realidad no es más que el resultado del mismo miedo o inseguridad
- Suelen mantenerse creando planes de escapes ante la idea quizás irracional que algo puede salirse de control u ocurrir cualquier tipo de catástrofe

Este tipo de sentimientos o situaciones que por lo general pueden manifestarse en la psiquis de la persona puede resultar en la afección desde la perspectiva física, ejemplo de ello es que ante esta serie de pensamientos dolorosos las personas que padecen agorafobia pueden manifestar efectos secundarios como por ejemplo aceleración del ritmo cardíaco, lo cual puede generar ciertos dolores, en consecuencia pueden aparecer molestias en el tórax, que pueden crear mareos, asfixia, incluso puede ocasionar un desmayo, al igual que estas, se pueden presentar sudoración, serias dificultades para respirar con normalidad, entre otros.

Fobias específicas

Estamos frente al último aspecto de las fobias que he querido que evaluemos en este libro, y justamente porque estamos frente a una situación que se puede dividir en varias formas de fobia, me refiero al caso de situaciones muy puntuales que muchas personas suelen desarrollar como la fobia a objetos, lugares, cosas, etc.

Este tipo de fobia es una de las más comunes que existen, y aunque por lo general no requieren de algún tipo de tratamiento (al menos no de manera urgente), de no controlarse, estas puede llegar a afectar seriamente la vida de quien la padece, afectando así el buen desempeño de labores propias de la vida cotidiana.

Dentro de este renglón existen muchas fobias que suelen ser muy comunes como la fobia a algún tipo de insecto, pero más allá de esto existen una serie de fobias que son realmente extrañas o muy particulares en este caso tales como la cardiofobia, que se trata de un temor irracional de sufrir un paro cardíaco, o casos como la ligirofobia que es el temor a los ruidos altos.

Pero más allá de este par de ejemplo existe toda una

serie de fobias que suelen ser más comunes y que muchas personas suelen tener al menos una de estas, aunque no sería raro encontrar situaciones en los que haya más de un caso de este tipo de fobia en un solo individuo, y voy a hacer en este momento una enumeración solo de los casos más comunes, sobre todo de los que pueden necesitar atención.

Hematofobia (fobia a la sangre)

De acuerdo a muchos especialistas este es uno de los tipos de fobia más comunes que existe, y que por lo general puede ocasionar el desmayo en el individuo que se encuentra ante esta situación, al encontrarse frente a la sangre, por esta razón las personas con Hematofobia siente un profundo temor, incluso terror ante la idea de alguna herida, accidente, o la simple presencia de una jeringa para extraer algo de sangre con el propósito que sea.

Zoofobia (fobia a los animales)

Está considerada como zoofobia el tipo de trastorno o temor cuyo detonante puede ser uno o más animales, por lo general el enfoque suele ser en los animales que "tienen peor aspecto" (aunque es algo que no deja de ser subjetivo), un ejemplo de esto suelen ser animales como las serpientes o arañas, sin embargo no se limita solo a este tipo de animales sino que el temor a cualquier tipo de animales está dentro de este renglón.

Sin duda que los más comunes suelen ser la aracnofobia, o la ofidiofobia, aunque es cierto que no son situaciones que en todos los casos necesiten la intervención psicológica, hay situaciones muy particulares y severas que sí podrían necesitarlo, sobre todo basado en la intensidad de la fobia y en lo común del animal en cuestión, ejemplo de ello es el caso de la cinofobia (fobia a los perros), no es difícil concluir que en este tipo de situación se hace realmente necesario prestar atención o considerar la intervención en este tipo de caso, de lo contrario puede llegar a afectar el buen desempeño de su vida normal.

Fobias hacia el entorno natural

En esta que mencionaré por el momento se encuentra una serie de fobias muy específicas, unas comunes, otras no tanto, sin embargo son situaciones latentes y que suele encontrarse de manera muy repetida en muchos individuos hoy en día, tal es el caso de la acrofobia (miedo a las alturas), es el temor latente de encontrarse lejos de la "seguridad" del suelo, a mayor altura más miedo surge ya que estar a esos niveles de altura supone mayo posibilidad de perder la vida en caso de caída.

De igual manera en este renglón se incluye la conocida astrafobia o fobia a las tormentas, generalmente surge por la relación que pueden tener muchas personas a eventos traumáticos con las tormentas, el problema particular de este tipo de situación es que superarlas es difícil dado que las tormentas y su característica principal como es los truenos resulta difícil ocultarse de dicha situación por el alcance de los sonidos que esta emite.

Fobias de situación

Finalmente llega otro nivel o característica de las fobias, es decir las fobias específicas, me refiero a situaciones particulares tales como la aerofobia, que es el miedo a subir aviones, situación que suele ser muy normal, un número muy alto de personas pueden tener este tipo de miedos, sin embargo, es algo que puede no afectar tanto su vida, pero hay casos que resultan extremos en los que realmente la persona afectada está completamente imposibilitado de manera voluntaria a subir a un avión.

De igual manera encontramos la claustrofobia, que es el miedo a espacios pequeños o muy cerrados, este tipo de fobia suele afectar a muchas personas de manera leve, pero existen casos muy serios que pueden afectar al punto de crear verdadera angustia, incluso desesperación.

Aunque hay muchas otras fobias he querido mencionar las más resaltantes, por ejemplo el caso de la amaxofobia suele resultar una gran sorpresa para aquellos que se encuentran en un momento puntual de sus vidas en el que tienen la necesidad de conducir, de los distintos tipo de fobias especificas este es el que genera más consultas, ya que no superar esta fobia supone una situación realmente especial pues se puede conducir con alto nivel de inseguridad, y esto puede ocasionar poner en riesgo su propia vida y la vida de los demás.

Ya has visto todo un capítulo en el que te he dejado todas y cada una de las diferentes manifestaciones de las fobias, hay más fobias puntuales, claro que sí, sin embargo, este capítulo ha permitido dejar más despejado el panorama respecto a cuáles son las principales.

Conocer las características principales de las fobias puede ser un buen punto de partida con el que se logre definir incluso de manera personal si estas atravesando o no por un cuadro de trastorno de ansiedad, sin embargo, la valoración de un profesional siempre será la mejor decisión para poder determinar de manera efectiva y clara si lo que estas enfrentando es en efecto un cuadro de ansiedad con características patológicas o no.

Más adelante te esteré dando algunas herramientas muy importantes e interesante para poder enfrentar estas situaciones descritas en este capítulo, por ello te invito a que continúes muy atento a cada uno de los capítulos que están por venir.

3

¿POR QUÉ SUPERAR LA ANSIEDAD?

En este capítulo quiero hacer un solo enfoque, ¿cuáles son las consecuencias de vivir atado a una vida llena de temores? Efectivamente como hemos visto, la ansiedad surge a partir del temor, y esta ansiedad puede causar verdaderos estragos en la vida el individuo que tendría serias implicaciones.

Los resultados de una vida llena de miedo y temores en consecuencia de ansiedad, puede afectar de manera directa o indirecta distintos aspectos de la vida, y de estos aspectos quiero ocuparme en este momento, por ello vamos a ver cada una de las razones por las que no es solo una opción sino una verdadera necesidad, incluso obligación contigo mismo que pongas todo tu empeño en superar cualquier tipo de ansiedad, aunque no pueda considerarse trastorno.

Aunque no lo creas, vivir con los síntomas que ya he mencionado en el capítulo anterior puede ir tan lejos que posiblemente no lo hayas ni imaginado, (tal vez por no estar en ese punto tan complicado), sin embargo, vamos a ver el alcance que tiene la ansiedad en la vida de una persona.

Porque la ansiedad puede afectar tu vida social

En efecto una de las consecuencias directas de estar en un estado de ansiedad puede ser este, tal como hemos visto anteriormente una de las consecuencias directas de algunos tipos de ansiedad es estar expuesto a la vida pública, por lo tanto es posible que en la vida de un individuo que este atravesando por problemas de ansiedad se encuentre enfrentado a ciertas circunstancias que paso a describir a continuación.

Aislamiento social

Esta condición puede tener dos vertientes, una sería la realidad que el mismo individuo se aísle por voluntad propia, llevándolo esto a alejarse de cualquier tipo de contacto social, es decir mantenerse distante de amigos, vecinos, familiares y más, pero peor aún le crea la imposibilidad de establecer nuevas relaciones.

La otra vertiente de esta condición está basada en la circunstancia particular en la que un individuo se cree aislado, quizás no es que quiera estarlo, sino que en realidad está convencido que es un relegado social, por este motivo desarrolla la tendencia a manera de mecanismo de defensa de terminar por aislarse del resto de la sociedad por temor al rechazo.

Hoy en día es un patrón que suele verse mucho reflejado en las personas en edad escolar, esto debido quizás a un alto nivel de inconsciencia por parte de muchos jóvenes, que carecen de información acerca de las implicaciones y el impacto que puede tener en otro individuo el tema del rechazo o situaciones específicas como el bullyng, en consecuencia no hay un cuidado a la hora de relacionarse con el resto de los compañeros.

En este tipo de conexión que puede existir entre compañeros de clase o amigos del barrio, puede que no haya ningún tipo de pudor en el tipo de relación que van a tener, por esto se pueden encontrar fenómenos como el ataque directo a los posibles "defectos" o asuntos de apariencia que suelen ser señalados a manera de discriminación, lo que puede terminar por elevar el nivel de aislamiento de otra persona.

Puede estar basado en asuntos de nacionalidad, color de piel, aspectos físicos como el tamaño, la lengua, formas de algún miembro del cuerpo, etc.

¿Pero cuáles son las consecuencias que puede traer el aislamiento social?

Son varios los síntomas que puedes sentir o que suelen aparecer como consecuencia de un aislamiento social, algunos estudios aseguran que una persona que vive encerrado en esta condición puede generar severos cuadros de depresión que se convierte en un círculo vicioso, ¡te explico!

El aislamiento social por cualquiera de las dos razones que he mencionado antes, va a generar en el individuo un deseo casi incontrolable de aislarse, este aislamiento va a generar depresión, la depresión genera mayor deseo de aislamiento, y de esta manera se va alimentando más y más el deseo de estar en el mismo estado de aislamiento, incrementando así de manera significativa el encierro al que ya está sometido.

Dificultad para establecer nuevas relaciones

Este aspecto representa una de las condiciones más preocupante cuando hablamos de esta situación, y es el hecho de que la persona con esta condición tiene la dificultad para relacionarse, por lo que puede terminar por limitar la posibilidad de establecer relaciones saludables de cualquier índole, entre los que se encuentran situaciones muy particulares como establecer una relación amorosa que perdure en el tiempo y que sea saludable.

Puede ser víctima de abuso

Otro de los aspectos que debe ser bien observado es la situación de vulnerabilidad en la que suelen encontrarse las personas con este tipo de condición, a causa de la situación emocional que atraviesan existe una necesidad muy grande de sentir la protección de alguien, esta condición puede convertirlos en personas altamente vulnerables, y es así que puede convertirse en presa fácil de personas sin escrúpulos que pueden aprovecharse de la situación para sacar partido o provecho de esto.

Un ejemplo puede ser que caiga fácilmente como presa de relaciones que estén fundada en la posibilidad de sacar algún provecho de la situación de vulnerabilidad en la que se encuentra esta persona, me refiero no solo a relaciones del aspecto amoroso, puede estar dirigido a relaciones con características amistosas entre otras.

Estas tres son características muy comunes que se pueden encontrar en el aspecto social respecto a la ansiedad, sin embargo no son las causas más preocupantes ya que lo que acabo de mencionar tienen un impacto más directo en el individuo que en el entorno, sin embargo, existen situaciones que pueden generarse de las que se hace preciso tener un especial cuidado.

Algunos casos de trastornos severos de ansiedad pueden incluir situaciones como explosiones de violencia o alteraciones en el ámbito emocional que pueden crear un verdadero caos y comprometer de una u otra manera la integridad de otras personas.

En dirección de todo lo antes dicho no cabe duda que es importante estar preocupados, pero más que eso, estar ocupados en superar la ansiedad, ya que esta condición puede ser peligrosa si llega a escaparse de las manos.

La ansiedad puede afectar tu salud

Uno de los aspectos más importante del que

tenemos que hablar al referirnos a la ansiedad es la salud, si alguna razón puede existir para que estemos preocupados por superar la ansiedad es justamente este aspecto, no es mentira que toda la tensión que suele generar un estado de ansiedad tiene un impacto completamente negativo en el individuo, y las formas en que puede manifestarse en el cuerpo humano es de lo que quiero hablarte ahora.

Estudios muy importantes en el campo de la neurociencia han demostrado que el estado de nuestras emociones tiene una profunda influencia en el estado de salud, de hecho uno de los más importantes investigadores del momento en esta materia, el doctor Mario Alonso Puig asegura que hay una relación profundamente estrecha entre el estado de las emociones y la salud del individuo que experimenta dichas emociones.

Dicho todo lo anterior podemos concluir que, si bien ha quedado claro que la ansiedad es una situación que ejerce una influencia directa en las emociones (aunque ella misma es una emoción desbordada cuando se ha vuelto patológica), no hay otra cosa más que estar atentos a las reacciones que esta puede ejercer en la vida del individuo, vamos a ver cada una de las formas en que esto puede afectar la salud.

Afección en los pliegues vocales

Esta es la primera área que suele verse afectada por la aparición de una crisis de ansiedad, se comienza a manifestar una resequedad en la garganta que genera una ronquera que resulta bastante incomoda, esto es una situación que se da debido a que el organismo desvía los fluidos a zonas específicas del cuerpo, creando espasmos en los músculos y desde luego la resequedad en la garganta que acabo de mencionar. Esto entre otras cosas genera ciertas dificultades para tragar.

Se pueden generar reacciones en el hígado

Una de las causas por las que este tipo de situaciones son peligrosas para las personas que padecen la enfermedad de diabetes es porque justamente el estado de ansiedad suele activar la producción en cantidades de cortisol.

Para tener una mejor idea de qué significa esto, el cortisol es la hormona que se relaciona directamente al estado del estrés. Al encontrarse esta cantidad de cortisol, nuestro hígado puede producir altos niveles de azúcar como medio de producir energía.

El azúcar es el nutriente que nuestro organismo usa más comúnmente para generar la energía que nuestro cuerpo requiere para el normal funcionamiento, de manera que al encontrase e peligro (símbolo de la ansiedad) el cuerpo activa todo un proceso suprarrenal con la intención de dar el extra que puede necesitar para ejercer la acción propia del momento, el organismo asume que se debe adoptar una acción bien de escape o de defensa, por este motivo se encuentra ante la necesidad de dar este aporte extra de azúcar.

En una persona saludable esta subida de azúcar puede ser asimilada de manera rápida y sin mayores inconvenientes, pero en el caso particular de las personas con diagnóstico de diabetes esta situación puede representar un verdadero peligro.

Por otro lado se encuentra el caso en el que una persona esté enfrentándose a un cuadro muy crítico de ansiedad, lo que sugiere que puede estar de manera continua en este estado, se da la situación que esta cantidad de azúcar extra que está generando el organismo comience a almacenarse en forma de grasa, de manera que esto puede ocasionar problemas de obesidad.

A la trágica lista mencionada antes, debemos sumar

entonces la cantidad de complicaciones que puede ocasionar a una persona que ya padece ansiedad, tener que enfrentar todo lo que implica la obesidad, desde la perspectiva psicológica, y en cuanto a la salud.

Problemas relacionados al corazón

Ya he dicho en otras ocasiones que una de las reacciones propias de nuestro sistema es acelerar el corazón con la finalidad de bombear sangre a las extremidades de manera que pueda permitir al individuo ejercer alguna acción de escape, o defensa en el caso que sea necesario, sin embargo, en el punto en que la ansiedad se convierte en algo repetitivo, y constante esta alteración del sistema cardiovascular va afectando de manera significativa al punto de poder crear reacciones peligrosas como elevación de la presión sanguínea.

Igualmente debido a la elevada producción de cortisol, y el estrés derivado de este, aumenta el peligro ante la posibilidad de desarrollar situaciones como arritmia cardiacas, derrames cerebrales, y posiblemente ataques al corazón.

Problemas estomacales

Los altos niveles de estrés generado por el cortisol

elevado que comienza a segregar el organismo ante los cuadros de ansiedad, puede tener un efecto negativo en la correcta absorción de los nutrientes, afectando así incluso la nutrición, la disminución en la cantidad de fibra que nuestro organismo suele obtener, puede generar situaciones complicada como el estreñimiento, igualmente se puede por llegar a percibir diarrea sin ninguna explicación aparente, ardores a nivel del estómago, y en casos muy extremos puede incluso perder el control de los esfínteres.

Problemas a nivel pulmonar

De acuerdo a investigaciones llevadas a cabo por el servicio de neumología del hospital universitario la fe, de Valencia España , ha logrado establecer la estrecha relación que guardan los trastornos de ansiedad con algunos problemas de respiración como es el caso del asma o del síndrome de la hiperventilación.

En el sentido contrario también se da este efecto, es decir que las personas con problemas de asma pueden experimentar serios y preocupantes cuadros de ansiedad y temores ocasionados por la misma ansiedad.

Desequilibrio mental

En medio de los distintos tipos de trastorno de ansiedad una de las respuestas suele darse a nivel cerebral, esto termina por afectar determinada áreas del cerebro que tienen influencia directa en la memoria, tanto a largo como a corto plazo, de igual manera el estrés suele mantener en continua activación el sistema nervioso, lo que influye en que puedan generarse ciertos niveles de desequilibrio a nivel de la mente humana.

Todo este proceso cuyo origen está en la mente, puede generar ciertos estragos en el aspecto físico de las personas, generando como consecuencia efectos en el cuerpo como cansancio, fatiga entre otros.

Debilitamiento en el sistema inmunitario

De acuerdo a los análisis que se han llevado a cabo en esta dirección una de las cosas que se han podido observar, es que mantener estado de estrés muy elevados como consecuencia de la ansiedad es un factor muy determinante en la disminución de la fortaleza del sistema inmunitario del individuo, por ello es que es muy común encontrara que las personas que se encuentran enfrentados a profundos estados de angustia, miedo y ansiedad, suelen ser

206 | GUÍA PARA LIDIAR CON LA ANSIEDAD Y ATAQUES ...

personas que más fácilmente pueden agarrar una gripa, o cualquier otro virus que esté en el ambiente.

Son estos solo algunos de los síntomas e inconvenientes para la salud que pueden verse afectados ante un cuadro de trastorno de ansiedad, como dije a principio de este aparatado lo estoy manejando de manera general ya que esto puede verse presente en cualquiera de los casos que he tocado ya en el capítulo anterior como "trastorno de ansiedad" es decir, permitir que la ansiedad se convierta en una patología, es acarrear un gran peligro para la vida, así que tu salud es uno de los motivos más importantes que se pueden encontrar para superar los cuadros de ansiedad.

En este mismo orden de ideas sigamos evaluando algunas situaciones especiales a las que puede enfrentarse un individuo que está siendo afectado por un cuadro severo de ansiedad, ya hemos vistos los casos más importantes como es las afectaciones que pueden haber en una persona con en asuntos muy particulares como es el caso de la salud y el aspecto social, sin embargo la dirección que pretendo seguir en este momento, puede que no sea tan amplia como las anteriores, sin embargo, estos situaciones que mencionaré ahora aunque para algunos no sea tan importante, para otros puede representar una situación altamente dolorosa, ¡avancemos!

Debes superarla por tu futuro

Ciertas situaciones de la ansiedad suelen ser tan severas que incluso se corre el riesgo de convertirse en un verdadero obstáculo para el futuro, algunas fobias por sencillas que parezcan pueden afectar el futuro de algunas personas y convertirse en una de las más grandes barreras, ante posibles sueños y metas. Pero esto es algo que puede afectar al individuo particular, sin embargo, puede llegar más lejos aún y convertirse en un obstáculo para otros que están directamente relacionados al entorno de la persona que se encuentra afectada por la ansiedad.

Sobre lo anterior quiero contarte una pequeña situación que pude palpar directamente ya que esto sucedió a una familia muy apreciada.

Se trata de una vieja amiga que había desarrollado un temor enorme por la posibilidad de que su única hija pudiera morir, desde luego, esta situación tenía un fundamento muy serio, mi amiga en el año 1993 perdió a su esposo quien sufría un enorme sobrepeso y fue sorprendido por un paro cardiaco.

Solo había pasado un año de esta situación cuando viajando junto a sus dos hijos, y sus padres sufrió un aparatoso accidente en el que sorprendentemente perdieron la vida sus padres y ambos hijos, en menos de dos años había perdido la totalidad del círculo familiar más cercano a ella, padres hijos y esposo.

Reponerse no fue para nada fácil, y las circunstancias que mi amiga vivió luego de esta impresionante tragedia fueron verdaderamente difíciles. Como un regalo del cielo 5 años más tarde la vida le brindaba una nueva oportunidad, y recibió en sus brazos a una linda niña a la que llamó Irene Antonia el nombre de su madre y su hija fallecida pocos años atrás, sin embargo mi amiga no logró sobreponerse a la pérdida de su antigua familia, lo que la llevó a desarrollar un estado de ansiedad severo, y la llegada de Irene que debió ser el comienzo de una nueva vida en realdad se convirtió en la nueva tragedia de mi amiga.

No es que la niña haya sido una tragedia, es que la condición que estaba oculta en ella se convirtió en una pesadilla tanto para ella como para Irene, ya que en un futuro no muy lejano sería una verdadera pesadilla para la chiquilla si su madre profundamente herida no disponía su corazón a superar la situación emocional que aun acarreaba producto del shock sufrido años atrás.

En efecto no lo había superado de manera efectiva, por lo que se convirtió en una madre sobreprotectora a niveles impresionantes, a la medida que no permitía que Irene asistiera a casa de algún amiguito que estaba de cumpleaños, o a la piscinada del colegio.

Esto parecía no ser tan severo ya que la madre de Irene se aseguró de llevarla ella personalmente a dichos eventos y estar presente, y en caso de no poder asistir ella, le recompensaba luego con alguna salida o regalo que calmara el posible descontento de la niña.

La verdadera crisis llegó años más tarde, cuando Irene fue recompensada por sus excelentes calificaciones por lo que recibió una beca para estudiar medicina en una universidad lejos de la ciudad natal, no hubo manera de convencerla que le permitiera a su hija cumplir con su sueño, de manera que lamentablemente Irene perdió la oportunidad que la vida le había brindado, esto debido a una tragedia de la que ella no entendía muy bien pues su madre siempre fue muy evasiva respecto a ese asunto.

Recientemente Irene se graduó con honores en la catedra de psicología y aunque no logró su sueño de estudiar en la universidad que anhelaba, la carrera de sus sueños, está dispuesta aun seguir estudiando, tiene en mente emprender pronto el camino hacia la medicina mención psiquiatría.

Aun Irene está a tiempo de lograr su meta, pero ahora su madre enfrenta la situación de sentirse culpable por haber interferido en los proyectos de vida que su única niña deseaba realizar. Ya está en medio del proceso de superación, ella ha decidido que la historia sirva como ejemplo para situaciones similares.

Este tipo de historias que podemos encontrar en cantidades impresionantes son el vivo ejemplo que nos enseña lo importante y vital que es superar esta patología, la ansiedad no se trata de algo que solo pueda hacer algún poquito de daño a un individuo, sino que puede perjudicar toda una generación sino se está dispuesto a superarla.

Los miedos suelen ser la causa principal por la que muchas personas pueden terminar por no avanzar en la vida, fobias creadas por fracasos en emprendimientos, por problemas de banca rota, por perder la casa en una catástrofe bien natural o algún embargo, temor a quedar embarazada por complicaciones en embarazos anteriores, y pare usted de contar la cantidad de situaciones adversas a la que día a día tenemos que enfrentarnos y que es real y completamente comprensible que aunque existan los miedos, lo que se requiere es la determinación para superarlos.

Debes superarlo por tu relación con tu pareja

Una vez escuche a un viejo amigo asegurar, "no hay parejas con problemas, hay personas con problemas que se unen en pareja" una de las principales causas de divorcio a nivel mundial es el problema de las fobias, los temores, los miedos, y desde luego la ansiedad que toda esta situación suele generar en muchas personas.

De acuerdo a estadísticas en el tema de divorcio se ha llegado a descubrir que las personas que se unen en pareja por segunda vez tienen un mayor índice de probabilidad de separarse que en los casos de pareja por primera vez, esto tiene una sola razón, y justamente se trata de situaciones de ansiedad por etapas no cerradas de la vida de anterior de dichas personas.

Es posible que la primera relación haya finalizado

con problemas que por lo general dejan ciertos traumas, estos traumas desde luego que generan temores, fobias, miedos, estos pueden manifestarse en las siguientes relaciones y los temores de vivir nuevamente los episodios que experimentaron en la primera relación. Los niveles de ansiedad que se generan ante estas situaciones no superadas suelen ser suficiente para enfrentar verdaderas dificultades en las relaciones.

Estas circunstancias suelen convertir en victimas a personas que en realidad pueda que estén haciendo todo bien, pero los temores propios de las malas experiencias de las relaciones pasadas puede resultar un detonante para que la relación termine por separarse, debido al alto nivel de estrés que genera esta situación.

En realidad me parece que es una verdadera lástima que superar la ansiedad sea solo una opción, creo que la salud mental y la salud emocional debería ser un derecho universal como el resto de lo que conocemos como los derechos humanos. No obstante es el deber de cada persona considerar cuál es el área específica que la ansiedad puede estar afectando en tu vida, ¿puedes decir nuevamente después de leer todo lo que te he dejado en este capítulo por qué debes superar la ansiedad?

La salud emocional es un deber que tienes con tu propia vida, así que deja de lado cualquier obstáculo que se oponga entre tu libertad y tú, y camina rumbo a la vida que mereces, una vida libre de los estragos que generan los temores, los miedos, y que desembocan en ansiedad, es tu decisión.

4

TÉCNICAS PSICOTERAPÉUTICAS PARA SUPERAR LA ANSIEDAD

Como bien he dicho en el capítulo anterior superar la ansiedad es casi una obligación en la que cada persona debe poner todo su empeño, es completamente inaceptable mantener una vida llena de caos y de todas las situaciones en la que nos adentra esta la ansiedad siendo que podemos contar con todas las herramientas que se necesitan para lograr este objetivo. En esta dirección he emprendido este capítulo, justamente en las técnicas que son necesarias para superar este flagelo.

Superar la ansiedad es un trabajo que requiere de un gran enfoque en este momento, principalmente en días en que el mundo se encuentra tan convulsionado por los distintos eventos que pueden desatar de alguna manera una especie de caos en el interior de muchas personas.

Vivimos momentos de conflictos constantes, se oyen temas de guerras, crisis económicas, virus mundiales y pare usted de contar la cantidad de información que llega a convertirse en desesperante para algunas personas, quizás no sea que estemos en tiempos en los que las malas noticias hayan aumentado en número, pero posiblemente lo que sí ha aumentado es la velocidad con que las noticias se expanden alrededor del mundo, y esta situación ha sido causante de que la sensación de vulnerabilidad de muchas personas se vea expuesta.

Así que presentamos en la actualidad unos de los momentos de la historia con el más grande índice de personas en verdadera crisis, en algunos casos por situaciones reales, mientras que en otras solo pueden ser temores infundados por la magnito del caos que se nos presenta a la vista del solo hecho de encontrarnos con todo el aparataje informativo tan grotesco que escuchamos y leemos día a día.

Por esto vamos a ver en este momento algunas de las técnicas que pueden servir y ser realmente útil para llevar a cabo la superación total de los temores que pueden estar afectando tu vida y generando estados de ansiedad en los niveles que sea que lo esté generando.

Tratar la ansiedad a través de la relajación

Existen muchas técnicas y escuelas enfocadas en sanar la ansiedad y erradicar sus efectos por completo de la vida de cada individuo que pueda estar padeciendo los estragos de este tipo de patologías, no obstante, es importante dar inicio a todo este proceso a través de ciertas técnicas que pueden ayudar a minimizar el impacto de la ansiedad en la vida de las personas.

Una de esas técnicas que por cierto suele ser la primera técnica recomendad en los casos de psicoterapia es aprender a relajarse, dominar el arte de la relajación supone la puerta de entrada al auto control de las emociones, y el método más eficaz para ejercer un control adecuado a los episodios de ansiedad que se puedan hacer presente en un momento dado.

¿En qué consiste la técnica de relajación?

Pese a que pueden existir diferentes métodos de relajación, existen algunas reglas que pueden considerarse como básicas en todas, por lo que la aplicación de dichas técnicas puede diferenciarse en pequeñas cosas pero todas manejan los mismos principios. Esto consiste básicamente en lograr un estado de quietud en los distintos ámbitos de la vida humana, es decir tanto en el plano físico como en el mental, la forma de llevarlo a cabo incluye los siguientes pasos:

Paso # 1: Asegúrate de encontrar un lugar que sea cómodo

Dependiendo del nivel y causa de la ansiedad es el mismo individuo que debe determinar si le resulta más cómodo estar solo o acompañado, pero el enfoque real de este punto es que logre establecer el lugar para los ejercicios que mantenga un buen clima, es decir una temperatura que sea agradable, evitar el exceso de calor al igual que el frio, si cuenta con un climatizador de acuerdo a la estación del año un clima adecuado puede estar establecido en un aproximado de 14 a 16°c, en cualquier caso esto estará sujeto a sus preferencias particulares, lo importante, insisto es que se sienta cómodo.

Otro detalle es asegurarse de usar ropa que sea suaves y cómoda, preferiblemente holgada, la inco-modidad de la ropa ajustada puede resultar entorpe-cedora de los ejercicios, la luz debe ser tenue.

Paso # 2: Procura mantener una postura adecuada

Puede ser sentado aunque lo preferible es que lo hagas en la posición acostada, tumbado con las extremidades bien estiradas asegurándote que en ningún momento del ejercicio las pongas rígidas, si llegases a tener elementos del vestuario o decorativos como cinturón, sujetados, zarcillos anillos o cualquier otro elemento que pueda incomodar o ejercer algún tipo de presión lo ideal será aflojarlo, o en la medida de lo posible retirarlo completamente.

Paso # 3: Evita divagar en tu mente

Debes hacer el mayor esfuerzo posible por no dar tantas vueltas en pensamientos innecesarios en tu mente, debes tratar de dejar cualquier pensamiento fuera y concentrarte exclusivamente en las instrucciones de los ejercicios que se llevarán a cabo en medio del ejercicio como tal.

Estos que te acabo de mencionar son los tres pasos previos al proceso de relajación, puedo dejar una recomendación como un plus y es que te asegures de practicar estos ejercicios cuantas veces puedas hacerlo, la garantía de que realmente aprovecharás al máximo estos principios es que te vuelvas un experto en la práctica del mismo.

Una vez logrado los objetivos iniciales, o sea los tres puntos que acabo de darte llega el momento de evaluar los distintos ejercicios de relajación. Presta especial atención a cada uno de los ejercicios que te enseñare a continuación. La práctica de cada uno de estos de manera terapéutica con las condiciones descritas arriba, podrá ayudarte en momentos particulares en los que la ansiedad pueda intentar aparecer en tu vida.

Ejercicio # 1: Relajación muscular

Esta técnica conocida también en algunos círculos como "relajación muscular progresiva" permite tener un amplio conocimiento de tu cuerpo y sobre todo un control de los distintos grupos musculares, el ejercicios consiste en comenzar a contraer y relajar cada musculo de tu cuerpo, si puedes hacerlo por grupo de músculos mucho mejor, el trabajo es una constante repetición, contrae, relaja, contrae, relaja, esto lo vas a repetir hasta conocer e identificar cada uno de los músculos.

Es importante que mantengas presente que no es necesario hacer las contracciones a un nivel que pueda convertirse en un dolor o genere incomodidad, mucho menos si recientemente has pasado por algún tipo de operaciones, fracturas o desgarres en algún músculo, no debes practicar este ejercicio.

Ejercicio # 2: Ejercicio de respiración desde el diafragma

La intención es lograr establecer un ritmo respiratorio calmado y profundo, hay que recordar que una de las alteraciones más importante que puede sufrir nuestro cuerpo es una agitación exagerada en el proceso de respiración, por ello la propuesta de este ejercicio es justamente aprender a manejar una respiración que sea pausada y calmada y que permita controlar nuestro ritmo en caso que una situación de ansiedad pueda aparecer.

Debes respirar de manera suave introduciendo el aire por la nariz, retener por unos segundos y luego exhalar suavemente por la boca, con los labios ligeramente separados, en medio de la inhalación debes asegurarte que se expanda el diafragma (el abdomen) y al exhalar baje, de esta forma podrás encontrar mantener la calma ante situaciones que normalmente pueden terminar en crisis, mucho cuidado aquellas personas que tengan algún tipo de afectación pulmonar, es preferible otra técnica.

Ejercicio # 3: Enfoque de la respiración

Este tipo de ejercicio está diseñado principalmente para iniciar a controlar el enfoque, es que por regla general cuando aparecen los síntomas de ansiedad, suelen aparecer una serie de pensamientos que comienzan a crear todo un nivel elevado de caos en la mente, dado esto la propuesta de este ejercicio es "amaestrar" a nuestra mente a dirigir los pensamientos hacia el punto que deseemos y que a su vez nos permita mantener los pensamientos dañinos a raya.

Dicho esto vamos a la técnica, todo consiste en establecer una conciencia en nuestra respiración normal, tratar de fijar la mente exclusivamente en este pensamiento, trata de imaginar el aire entrando y saliendo de tu cuerpo, imagina el recorrido que hace entre tanto que entra, llega a tus pulmones, luego imagina todo el recorrido que este da hacia la salida.

Piensa en la temperatura que posee el aire que estas inhalando, como va llenando todo tu organismo de oxígeno. Debes procurar percibir en qué punto del ejercicio tu mente puede irse a otros senderos, y rescatar tu mente de la manera más rápida posible de los pensamientos ajenos al ejercicio, y traerlo nuevamente al ejercicio que estas realizando.

Ejercicio # 4: Relajación por evocación

Tal como el mismo nombre indica, este tipo de ejercicio consiste en traer al presente algún tipo de sensación o emoción que haya experimentado en el pasado que pudo haber tenido como resultado un estado de alegría o de gozo que pueda servir para interponerse ante un posible episodio de ansiedad que pueda haber aparecido, o que los síntomas se hayan asomado indicando la posible llegada de algún tipo de emoción que indíquela aparición el mismo.

En el estado de reposo que ha alcanzado en los ejercicios previos y que el ambiente esté listo para practicar, lo que debe hacer a continuación es cerrar los ojos y tratar de establecer una conexión sensorial con el evento que le causó el impacto emocional de bienestar, pensar en la situación, y las distintas experiencias sensoriales que estén involucrados al recuerdo, como olores, colores, sabores y sonidos que establezca una conexión con el evento para tratar de replicar las emociones sentidas en el tiempo de dicha emoción.

Son cuatro las técnicas que ya te he entregado y que resultan muy importante poner en práctica, la relajación es vital para esto pues justamente la situación que convierte a la ansiedad en una situación descontrolada es la alteración de las emociones, pues no puede ser más recomendable algo que calmar esas emociones, mantener la calma es haber ganado un amplio terreno a la ansiedad, por esto es que este tipo de técnicas y ejercicios lo recomiendo como el primer paso, si acaso no el fundamental.

Hay una técnica adicional que no quise agregar por no ser tan objetiva pero que pudiera tener igualmente un efecto en algunos.

Se trata de un ejercicio parecido al de evocación, solo que en este no vas a evocar una situación que hayas experimentado en tu vida, sino de una sensación basada en una experiencia que te hagas en la misma mente, es decir supones o imaginas el evento o situación que puedes ser placentero, buscando los efectos emocionales positivos que pueden hacerse presente en el ejercicios.

Superando la ansiedad a través de la terapia de la exposición

Luego de practicar métodos tan importantes y eficaces como el de relajación, te traigo una nueva metodología, que no por estar de segundo en el orden del capítulo es menos importante, se trata de la famosa terapia de la exposición.

La terapia de exposición suele ser muy eficaz para superar traumas a través de una metodología que ha probado ser verdaderamente util, sobre todo para superar algunos tipos de fobias y miedos que suelen ser un verdadero problema al punto en que pueden llegar a paralizar a una persona y puede llegar a interferir en su vida normal.

La terapia en cuestión consiste en llevar al paciente a enfrentar la situación que se plantea como traumática a través de la utilización de elementos que puedan guardar algún tipo de relación directa con el trauma, la idea es cambiar la percepción desde la óptica de los sentidos que normalmente el individuo tiene respecto a la situación como tal, dicho de otra forma consiste en la desensibilización de la persona respecto a los hechos que le hicieron sufrir el trauma.

El paciente es puesto en contacto pero de una forma controlada y segura con las situaciones o elementos que le crearon el conflicto que hoy están atravesando, la idea es crear un nuevo paradigma respecto a esta situación o elemento de manera que vaya cambiando la estructura de pensamiento que ha desarrollado sobre dicho elemento.

Todo esto lo que busca es que el individuo pueda

llegar al punto de hacer una valoración completamente distinta a la que ahora está haciendo, en relación a esta situación particular y que cada vez que se encuentre frente a los elementos que genera el efecto producto del trauma, tenga una nueva sensación que desde luego este distante del comportamiento traumático que hasta ahora ha venido manejando.

Para evaluar de manera clara este tipo de terapia comencemos por ver algunos aspectos importantes, lo primero es que se mantenga siempre presente que este tipo de trabajos deben realizarse bajo un estricto control profesional, que es quien irá guiando de manera segura todo el proceso.

Las terapias de exposición es un tipo de trabajo que requiere ser llevado a cabo de manera progresivo, la ciencia de este tipo de terapia consiste en el siguiente ciclo: "Exposición, retirada, recuperación y repetición. Vamos a evaluar cada uno de estos pasos que acabo de mencionar.

Exposición

Este aspecto consiste en poner a la persona que se encuentra afectada por la condición de la ansiedad, a los estímulos que son los desencadenantes de la incomodidad que terminan por convertirse en el desarrollo de los ataques de ansiedad, esto se hace de acuerdo a los criterios que el terapeuta considere pertinente basándose, claro está, en el historial clínico y lo más importante, la valoración que este haya hecho del paciente en el aspecto psicológico.

Consideración de retirada de la evaluación

En este paso el terapeuta suele evaluar de acuerdo a las reacciones del paciente si es conveniente o no continuar con la terapia, por ejemplo en el caso de notar que la ansiedad puede llegar a nivele alarmante y salirse de control, lo mejor es abandonar la terapia el tiempo que sea necesario, retirarse no debe confundirse de ningún modo con huir de la situación, ya que lo que se busca con esto es que el individuo no se sensibilice más aun con el trauma, de manera que la retirada viene a ser un recurso con el que puede evitar incrementar ese sentimiento.

En los casos que la circunstancia impida que pueda retirarse de manera física existe la posibilidad de hacer un aislamiento mental o emocional, se trata de un recurso que es en realidad imaginativo en el cual se puede sacar la mente de esta circunstancia particular.

La recuperación

Una vez que el paciente haya encontrado la necesidad de retirarse de la situación es imprescindible que en primer lugar logre establecer un buen nivel de calma, que bajen los niveles de ansiedad a un punto en el que pueda ser perfectamente manejable. Para este fin se recomienda llevar a cabo algunos ejercicios como los explicados anteriormente tal como los ejercicios de respiración, o cualquier otro, lo importante es regular la tensión que pudo aparecer y conllevaron a la retirada del ejercicio de manera temporal.

Repetición

Tras todo lo anterior se debe retomar nuevamente la exposición a los estímulos que generan incomodidad en el paciente, este proceso se debe repetir cuantas veces se considere necesario procurando que en cada repetición se trate de llegar los más lejos posible en el desarrollo del ejercicio.

Es importante considerar varios elementos respecto a este tipo de terapia, en primer lugar es necesario hacer una evaluación en dirección a la intensidad que debe tener este tipo de terapia, se recomienda que tenga un nivel de intensidad tan alto como el paciente sea capaz de soportarlo, aunque luego deba detener y volver a empezar, en cuanto a la duración la recomendación es que dicha terapia sea tan larga como sea posible, se recomienda una media mínima de 30 minutos.

Se considera que este tipo de terapia y su buen desempeño requieren de estos tres elementos vitales para llevarlo a cabo:

La exposición al estimulo

Esto consiste en desarrollar contacto con el elemento que ha estado creando o desarrollando los estímulos que generan los constantes episodios de ansiedad, sin embargo este tipo de contacto suele llevarse a cabo de manera planificada y organizada, ya que al llevarlo a cabo se busca que este sea sin crear ningún tipo de efecto negativo en el individuo o al menos que asegure no ser amenazante.

Este tipo de terapia tiene como objetivo crear un tipo de aprendizaje que resulte correctivo de la conducta inicial en base a estimulo, de manera que ante la aparición de dichos estímulos se tenga una percepción de que no existe ningún peligro latente por el hecho de la presencia de los mismos.

Es importante aclarar que los medios utilizados para lograr la estimulación en este tipo de terapia no necesariamente se traten de objetos o elementos fisco y tangibles, pueden ser incluso elementos como pensamientos, situaciones o estímulos sensoriales.

Representación del estimulo

El elemento generador del miedo o trauma debe estar presente, ya que este es el que va a generar el estímulo necesario para llevar a cabo con eficiencia todo el proceso de reactivación del elemento cognitivo que será el encargado de crear todo el nuevo paradigma respecto a la situación en concreto, esta representación debe hacerse de manera real, a través de herramientas como la narración, de forma imaginativa, o virtual, lo importante es que cuente con todos los elementos principales que resultan en los detonantes que van ocasionar que la persona reviva aquel aquella situación traumática.

La continua y extendida repetición

Tal y como acabamos de ver en cada uno de los pasos, repetir una y otra vez cuanto sea necesario este ejercicio será una de las maneras eficaces de lograr los objetivos esperado ante la práctica de dicha técnica, se va a lograr de forma efectiva la disminución de los niveles de ansiedad de la persona.

Este modelo de terapia que acabamos de analizar es

un proceso que está probado como uno de los modelos más efectivos para bajar de manera considerable los niveles de estrés, su éxito radica en que no considera la eliminación de recuerdos perturbadores, sino que propone una nueva relación con ellos, está más que claro que la situación de la ansiedad se da por ideas aprendidas respecto a los episodios o elementos que causan la incomodidad, de manera que este modelo de terapia propone un nuevo aprendizaje respecto a los mismos estímulos, dicho de otra forma se trata es de aprender a convivir de manera saludable con los elementos que en otro momento resultaron terriblemente nocivos y perturbadores

Mindfulness

Hablar de Mindfulness hace preciso remontarse a más de 2500 años atrás en la que cierto personaje icónico de la cultura oriental conocido como Buda, perfeccionó ciertas técnicas de meditación, el significado de esta palabra es de manera muy sencilla "mente plena" pero el enfoque que tiene este tipo de filosofía o práctica ancestral es el estar presente el aquí y ahora.

Pertenecemos a una de las generaciones de la historia que más ausente ha estado, por un lado nos mantenemos en un constante pensar en el pasado, arrastrando con ello anclas que no nos dejan desempeñarnos mejor en el presente, por otro lado puede mantenernos atrapados en situaciones dolorosas que son justamente muchas de esas situaciones las que posiblemente mantienen a munchas personas atadas a problemas de ansiedad verdaderamente serios.

Por otra parte hay quienes suelen vivir atados a la preocupación por el futuro, y por sorprendente que pueda parecer, esto también puede generar serios problemas en otros, ya que el temor de lo que pueda sucederé en el futuro mantiene a muchos atados a serios problemas de desesperación y preocupación.

Aún recuerdo el caso de una pequeña niña, Laura estaba completamente infeliz y atormentada, con tan solo 12 años sus niveles de ansiedad eran muy severos, al punto que hubo que intervenir en su proceso educativo, no puedo estudiar de manera normal ya que el estado de su estrés llegaba a convertirse en colapsos que incluía convulsiones, Laura no tenía amigos, no salía a la calle, apenas jugaba muy escasamente con su hermana mayor Esmirna.

Cuando la visité y pude hablar con ella pude percibir que todo lo que estaba aconteciendo era un profundo desespero por el fin del mundo, porque un personaje aparecería y le colocaría sellos y cosas por el estilo, estaba tan asustada que no quería ni salir de casa, en medio de las largas noche sin poder dormir su mente llegó a niveles de alucinación en el que la sabana que utilizaba para arroparse se convertía en una serpiente que le hablaba de los terrores que sufriría en un futuro no muy lejano por sus pecados.

Así como Laura muchas personas están atados a emociones o sentimientos que generan ansiedad y sobre todo porque están atados a un tiempo que está lejos del aquí de la realidad, de este momento preciso, por eso la razón de ser del Mindfulness.

¿Qué es el Mindfulness?

Muy bien, esta disciplina es un modelo que está basado fundamentalmente en los proceso de meditación orientales, de hecho se basa en algunos principios de meditación principalmente de la tradición budista, sin embargo no implica esto de ninguna manera que esta disciplina guarde algún tipo de relación con esta tradición religiosa, sino que se trata de los principios de meditación aplicado en dichas culturas, contextualizadas y aplicadas, lo que permite acceder a un gran número de beneficios sobre todo en el tema de la terapia contra la ansiedad.

Como acabo de indicar los ejercicios de meditación aprendidos de algunas escuelas orientales de carácter milenario han sido adaptados a la vida modera de occidente, esto con la intención de lograr los estados de tranquilidad y equilibrio mental que requiere el hombre moderno, por esto es que al Mindfulness se le conoce como el modelo de meditación occidentalizada.

El Mindfulness es toda una escuela que debes aprender y que tiene un número enorme de beneficios para tu vida, por lo cual te recomiendo que te apuntes y aprendas el arte de meditar a través de este maravilloso método, sin embargo quiero que evaluemos algunas de las técnicas más habituales del Mindfulness.

Ejercicio del barrido corporal

Este ejercicio es sumamente sencillo, consiste en adoptar una posición que sea cómoda, y comenzar a pensar en tu cuerpo, a detallar cada espacio de cada detalle, pasar tu imaginación por cada parte de tu cuerpo, soltar los pensamientos que puedan ir y venir de toda dirección y centrar la mente en el presente, fijándola desde luego en el cuerpo, puedes practicarlos por unos cinco minutos.

Ejercicio de respiración

En la misma posición que en el caso anterior se debe tener un especial cuidado en el proceso de la respiración, es decir fijar la atención en la entrada y salida de la respiración.

Ejercicio de la vela

Este ejercicio consiste en encender una vela y fijar toda la atención en la llama, estar siempre atento a cada una de las reacciones de la misma, sus movimientos, su comportamiento ante la posible entrada de brisa, los colores, etc.

Ejercicio de la ducha

Se trata de aprovechar el momento del baño para realizar este ejercicio, que consiste en prestar atención al recorrido del agua, como cae en tu cuerpo, como recorre desde tu cabeza a los pies, la temperatura, la reacción de tu cuerpo, etc.

Ejercicio del agua

Este está dirigido a llevar a cabo el ejercicio tomando agua con alto nivel de conciencia, es decir establecer una conexión con el líquido desde que llega al vaso o recipiente, prestar atención a su sonido, su color, tomarla, imaginar todo el recorrido que ella está haciendo. Etc.

Como has podido notar este tipo de ejercicio tiene un propósito claro, se trata de empezar a establecer una conexión con el presente, tratar de dejar de lado la divagación entre tantos pensamientos y establecer una conexión con el presente, entender esto es sumamente positivo ya que te ayuda a superar las situaciones de angustia que puedas estar viviendo por preocupaciones o situaciones del pasado, o por ideas de situaciones futuras.

Estando muy joven tomé un trabajo durante las vacaciones del colegio, un día aprendí a experimentar los beneficios de vivir el aquí y ahora. Entrando al estacionamiento de mi trabajo iba pensando en lo afortunado que era por tener un gran empleo, aun cuando muchos lo deseaban el trabajo era mío, al llegar al sito de trabajo mi jefe inmediato me notificó que estaba despedido, había reducción de personal y por ser uno de los más novatos evidentemente estaba en los primeros lugares de la lista.

Evidentemente esto causó algo de amargura, pero no sé por qué llegué a establecer una conexión directa con el pensamiento anterior, y recordé lo feliz que

236 | GUÍA PARA LIDIAR CON LA ANSIEDAD Y ATAQUES ...

era minuto atrás, entonces pensé que posiblemente venga pronto un trabajo y no tendré tiempo para hacer otras cosas, así que tomé mi desempleo temporal como unas pequeñas vacaciones,

Vamos a ver cuáles pueden ser los principales beneficios que se pueden obtener al practicar esta disciplina de meditación como lo es el Mindfulness.

Nos ayuda a mantener la atención enfocada

Un gran número de personas en la actualidad suelen vivir en modo automático, por este motivo la mente puede perder el enfoque y se mantiene divagando por toda clase de pensamiento, esto es un verdadero obstáculo rumbo a la vida tranquila, en paz y motivada que necesitamos para alcanzar grandes objetivos, imagina que el enfoque es como una linterna que en medio de la oscuridad trata de encontrar algo, la manera de lograrlo evidentemente será creando el enfoque de dicha linterna, pues el Mindfulness suele ser la mano que sostiene la linterna, y dirigirá el enfoque en la dirección correcta para que puedas observar lo que es realmente importante.

Mejor relación con las emociones

En efecto, esta disciplina al ayudarnos a tener una mejor relación con los pensamientos a través del enfoque de nuestra mente es un medio que nos permite experimentar menos las sensaciones vividas en el pasado, todo se trata de mantenerse en el presente gracias a la concentración y la conexión con el aquí y ahora.

Gestionar los pensamientos

Otro gran aporte de la disciplina del Mindfulness es ayudarnos a hacer una gestión de todos los pensamientos que de continuo mantienen pasando por nuestras mentes, como es bien sabido la mente es algo que no para de enviarnos cientos y cientos de pensamientos sin parar, estos pensamientos pueden terminar por desencadenar las sensaciones que finalmente pueden terminar por convertirse en la situación que genere algún episodio de ansiedad.

Poder estar conscientes de los pensamientos es una de las maneras más eficaces de decidir cómo desplazar los pensamientos que no deseamos, pero solo se logra siendo consciente de ellos, objetivo que es posible gracias a la práctica de esta disciplina.

Controlar la ansiedad

Como bien te he mostrado desde el principio, la ansiedad es un asunto que está en primer lugar anclado a sucesos del pasado o temores relacionados

238 | GUÍA PARA LIDIAR CON LA ANSIEDAD Y ATAQUES ...

con el porvenir, de manera que para que esto se haga activo en el presente se requiere necesariamente arrojar nuestros pensamientos a los tiempos en los que está anclado dicha ansiedad, por este motivo es que el Mindfulness viene a ser una gran herramienta para superar este problema, ya que nos ayuda no solo a estar presente en el aquí y ahora, sino que nos ayuda a gestionar nuestros pensamientos de manera que al estar consciente de todo lo que pensamos no permitamos que los pensamientos dañinos afecten nuestras vidas.

Ya hemos visto un par de técnicas que son muy efectivas en cuanto al tratamiento de la salud emocional se refiere, pero específicamente cuando se trata del caso de la ansiedad, sin embargo aún quedan otras por abordar, así que avancemos un poco más para seguir evaluando experiencias interesantes que pueden servir como maravillosas herramientas, para lograr superar los flagelos propios de los trastornos de ansiedad y a su vez los cuadros depresivos que suelen nacer como consecuencia uno del otro.

Terapia psicoterapeuta de grupo

¿Cuál puede ser la ventaja de este tipo de terapia? Ante todo debemos evaluar lo siguiente: somos seres que estamos diseñados para vivir en relación con los demás seres de nuestra especie, por ello la primera composición con la que nos encontramos al nacer es la familia, posiblemente algunos trastornos requieran de terapias individuales, sin embargo, gran número de casos logra superar su situación justamente a través de las terapias de grupos.

De hecho se puede dar la posibilidad que dicha terapia esté funcionando en algunos casos como doble terapia, ya que puede ser para algunos una terapia de exposición (esto en el caso que el paciente en cuestión tenga fobia de estar entre más personas desconocidas) y a la vez disfrutar de los beneficios de las terapias grupales.

¿Qué beneficios específicos se puede obtener de la terapia de grupo?

Son muchos los beneficios que se pueden obtener de este tipo de terapia sobre todo para casos impor- tantes como es el caso de los trastornos depresivos y de ansiedad, pero vamos a ver una serie de algunos de los beneficios que se pueden obtener con la prác- tica de este tipo de terapia.

Entiendes que no eres el único que atraviesa por esa situación

Una de las situaciones de desesperanza que suele ser

muy común entre las personas que están padeciendo algún tipo de ansiedad, suele ser la idea siguiente, piensan que son unos verdaderos extraños, que atraviesan cosas que no le pasa a nadie más, esto en especial es una situación que suele agudizar la problemática de la ansiedad y sumir en mucha depresión a una persona, sobre todo cuando el problema generador de dicha situación tiene que ver con aspectos que son juzgados como inmorales.

Para dar una mejor idea sobre este asunto me gustaría recurrir a una situación particular que aunque se trata de un caso hipotético seguro estoy que existen cientos de casos como este, asumamos que una niña ha sido objeto de constante abuso por parte de una persona cualquiera, pero esta persona le llega a convencer que lo que está haciendo sucede porque ella le ha creado algún tipo de atracción.

Ante este tipo de situación la niña no solo debe lidiar con el abuso del que está siendo objeto, sino que debe luchar igualmente con la idea y sentimiento de culpabilidad, llegó a convencerse que lo que le sucede es una desgracia, pero dicha desgracia es de alguna forma algún tipo de castigo, esto la lleva a refugiarse en sus pensamientos y sentirse cada vez peor, pero incapaz de enfrentar su secreto pues cree que solo ella ha sido capaz de cometer semejante error.

La terapia de grupo le va a ayudar a entender que estas situaciones son más similares de lo que se cree (y no lo digo de manera normalizan te) es la triste realidad, pero aprenderá que es posible superar tal situación tal cual como otro pudo hacerlo.

Desarrolla la capacidad de recibir y dar apoyo

Se suele creer (quizás gracias a algunas ideas sembradas por las películas) que en la terapia de grupo cada cual expone su problema y recibe terapia de manera individual, mientras el resto de los asistentes escucha, pero estas no es la verdad, en medio de este tipo de terapia el trabajo consiste en que cada paciente dé su versión de lo que le está sucediendo, mientras que otro participante espera la oportunidad de tomar la palabra para darle apoyo al que ha expuesto con anterioridad, y este a su vez puede recibir la consideración de otro.

Nos ayuda a encontrar nuestra propia voz

Para algunos puede resultar algo insignificante, pero para otros puede ser la completa diferencia entre la felicidad y el desastre emocional, hay quienes están convencidos que lo que a ellos les pasa no es del interés de nadie, por lo tanto suelen aislarse con sus problemas y no abrir las puertas a nadie, una terapia de grupo suele ser un mecanismo para comprender que sí eres valioso, que sí hay muchas personas que están interesados en ti, y que les gustaría encontrase con la posibilidad de ayudarte, escuchar tus problemas y desde luego les gustaría verte supera esos problemas.

Puedes ser más sincero pero desde una óptica más saludable

Veamos lo siguiente, una verdad dicha de manera incorrecta en el momento incorrecto puede ser un grave error aunque se trate de una verdad, por ello al estar en una terapia de grupo se hace idóneo expresar esas ideas que en otras circunstancias pueden ser dañinas para algunos.

Pero dicho todo esto es bueno observar de manera detallada en que consiste la terapia de grupo, esto no es otra cosa que el desarrollo de un grupo terapéutico, en el que se trabaja de forma clara y explícita el afrontamiento de las causas que son las generadoras de la ansiedad, en el que se favorece la aplicación de los recursos psicológicos (y se evalúan las posibilidades de la adopción de nuevos recursos) para lograr la superación progresiva de los cuadros que pueden afectar a cada individuo en particular.

Existen muchas maneras de llevar a cabo este tipo de terapia, sin embargo se suele realizar de una manera particular, principalmente se tiene la tendencia de llevarla a cabo de manera semanal o quincenal, y se incluyen en cada terapia un número aproximado de siete a ocho personas, los cuales trabajaran en torno a un objetivo concreto, que en la mayoría de los casos responden a la detección y además afrontar activamente las circunstancias específicas que suelen ser las detonantes para los episodios en los que aparecen reflejados la ansiedad.

Practicar deporte ayuda a superar la ansiedad y sus efectos

Desde luego que no se puede asumir la práctica deportiva como un método de psicoterapia, pero se hace completamente importante mencionar los múltiples beneficios que estos otorgan a nuestra salud, por lo cual mantener algunas de las rutinas que ya he mencionado y mezclarlas con las distintas formas deportivas que puedes tener a tu alcance es realmente beneficioso para la salud tanto física como emocional.

Pero para no extendernos tanto sobre este asunto qué tal si pasamos a elaborar un análisis del impacto que la práctica de alguna disciplina deportiva puede tener en la vida de una persona para que sea saludable, pero mayormente los beneficios a nivel mental y su aporte en la salud del mismo.

Desarrolla nuevas neuronas

Pese a la creencia que por mucho tiempo se logró tener en el campo de la medicina, y que aun predomina en el ideario de muchos, que es el cerebro es incapaz de desarrollar nuevas neuronas hoy por hoy a quedad completamente demostrados tras serias investigaciones en el campo de la neurociencia que nuestro cerebro a través del hipocampo tiene la capacidad de desarrollar un proceso conocido como la neurogenesis.

La neurogenesis es un proceso realmente interesante e importante de nuestro organismo a través del cual nuestro cerebro es capaz de crear células nuevas partiendo de las células madres y de las células progenitoras, lo interesante de todo esto es que justamente la ansiedad y la depresión son los que se oponen u obstaculizan la formación de la neurogenesis.

Dicho lo anterior no hay que ir muy lejos para comprender que si la depresión detiene la neurogenesis, y el deporte lo activa, practicar deporte es una forma de contrarrestar los efectos de la ansiedad y la depresión.

El deporte activa la hormona de la felicidad

Está comprobado que la práctica habitual de deporte ayuda a la segregación por parte de nuestro organismo grandes cantidades de serotonina, este neurotransmisor ejerce una influencia directa en el estado de ánimo del individuo, al igual que en la ansiedad y la felicidad, por lo tanto este es un buen motivo que nos deja claro que no solo resulta una opción interesante, sino que también es una opción necesaria.

Mejora la capacidad de concentración

Algunos de los ejercicios psicoterapéutico que he mencionado en este capítulo tienen como denominador común que requieren de altos niveles de concentración, pero la verdad es que estando en una situación de caos emocional puede resultar difícil llevar a cabo una concentración eficaz, pero practicar deporte es un método muy efectivo para que puedas progresivamente ir mejorando los niveles de concentración.

Desde luego que hay más beneficios de hacer deporte no solo en dirección de la salud mental, sino que en el aspecto de la salud física también hay serias implicaciones al practicar algún tipo de deportes, y esto además tiene implicaciones importantes en el tema de la salud emocional, pues las diferentes afecciones del organismo pueden tener reacciones negativas en el estado de salud mental.

Deja de fumar

Ha modo de plus quiero agregar la importancia del problema de la adicción al tabaco, y este problema radica no solo en el daño directo que este mal hábito tiene sobre la vida de una persona, sino en la idea fuera de todo sentido que ha hecho creer que el cigarrillo ayuda a superar la ansiedad.

Todo lo contrario, el hábito del cigarrillo aumenta la posibilidad de padecer cuadros más críticos de ansiedad, pero además incrementa significativamente la depresión, por lo tanto es imprescindible que si has estado fumando con la intensión de superar la ansiedad debes saber que es justamente el cigarrillo que ha estado ocasionando dicho estrés.

Y por último en el sentido de recomendaciones, quiero resaltar la importancia de una adecuada alimentación, aunque no sea algo que se trate comúnmente la verdad es que la alimentación tiene un impacto verdaderamente significativo en la salud emocional, por ejemplo el exceso de azúcar en el organismo eleva la posibilidad de generar estado emocionales depresivos.

Se ha dejado ver a través de muchos estudios la profunda relación que tiene la ansiedad y depresión con el consumo de glucosa, pero es claro y notorio desde hace mucho la relación que guarda los altos niveles de azúcar en el organismo con el síndrome metabólico, resistencia a la insulina, lo que ocasiona directamente una hipoglucemia y los síntomas de esta condición que termina por convertirse en enfermedades realmente alarmantes como la diabetes, son depresión, agresión en varios niveles, insomnio, debilidad física y decaimiento, en algunos casos puede incluirse pérdida de conocimiento.

¿Y sino como tanto dulce?

Hay que recordar que la glucosa que entra al organismo no necesariamente está relacionado con el consumo directo de este, de hecho la glucosa es el primer combustible que usa el organismo para generar energía, esta proviene generalmente de las cantidades de hidratos de carbono que consumimos y que por lo general suelen ser de acuerdo a nuestra cultura en altos volúmenes, esto se pone peor si consideramos que la cantidad de carbohidratos que solemos consumir son por lo general alimentos procesados.

Por esta razón es que muchas veces los estados de ansiedad, tristeza, depresión, etc., son muy difícil de manejar, justo por los niveles de mala alimentación que se lleva, hay que favorecer el consumo de vegetales proteínas las necesarias, y desde luego bebidas con altos niveles de azúcar como los refrescos debe empezar a mantenerlos lejos del menú.

Te doy la plena garantía que estos pequeños pero sustanciosos consejos servirán para ir mejorando significativamente la salud tanto física como emocional.

La realidad es que existen otro número de métodos y fórmulas, técnicas aprobadas por escuelas de psicoterapias que pueden ser aplicados y con resultados ventajosos, para el final de este volumen quiero dedicar un apartado especial a dar algunos métodos o ejercicios de respiración que pueden ayudarte a tener un control más destacado en el momento de enfrentar una situación que pueda detonar un estado de ansiedad.

Por el momento la recomendación es que procures buscar la ayuda de un profesional en el área para desarrollar con mayor eficacia los principios que te he venido explicando hasta este momento. Deseo profundamente que la situación que puedes estar atravesando y que de seguro te trajo hasta aquí puedas superarlo así como ya otros lo han logrado.

5

CASOS DE ÉXITOS Y SUS TÉCNICAS
PARA SUPERAR LA ANSIEDAD

Ante todo quiero felicitarte por haber llegado hasta aquí, justo decía al finalizar el capítulo anterior que otros han logrado exitosamente superar los cuadros de ansiedad de manera satisfactoria, y si otros lo han logrado evidentemente es algo que tú también puedes lograr, solo basta con revisar el historial de muchas personas que incluso pueden ser famosos, artistas que veías con admiración montados a una tarima, si sospechar si quiera que pudiera estar atravesando por un cuadro severo de ansiedad o depresión.

Pero antes de ir tan lejos quisiera mencionarte sobre mi amiga Yesica la madre de Irene que te mencioné en capítulos anteriores, el padre de Irene había tomado la determinación de irse del lado de Yesica debido a que su comportamiento ansioso llegó a un punto que estaba afectando directamente incluso no solo a ella sino que estaba interfiriendo con él, así que pese al inmenso amor que sentía por mi amiga había tomado la dura determinación de seguir ayudándola en cuanto pudiera pero desde la distancia.

Luego de años de caos en el hogar, del extremo cuidado que aplicaba a Irene, terminó por comprender y aceptar que necesitaba ayuda, de manera que salió en pos de esa ayuda, así fue como su historia llegó a mi vida, hoy por hoy Yesica, Irene y Andrés, tienen una relación fantástica, pero sobre todo Yesica vive una vida plena y saludable, le ha permitido disfrutar su nueva familia a niveles inimaginable, y aunque nunca una nueva familia suplantará la anterior, el recuerdo que tiene de su anterior familia ya no genera dolor, solo se siente agradecida por la oportunidad que tuvo de compartir con ellos así se hayan ido pronto de su lado.

Lograr sanar es lograr dar el enfoque correspondiente a las situaciones que pueden por su naturaleza ser verdaderamente dolorosa, nunca se está proponiendo dejar de ver las cosas de manera objetiva, de hecho ante filosofías como la estoica se suele creer que la propuesta es esta, a saber, hacer caso omiso del dolor o de las situaciones que ameritan llorar, que en la forma más natural posible resulta que lo más saludable puede o debe ser que llore, incluso que haya algo de sufrimiento.

Lo mismo se da ante casos traumáticos, imaginemos el caso en el que por desconocimiento o incluso por imprudencia hayas entrado a una calle desconocida y peligrosa a altas horas de la noche, y como resultado terminas siendo víctima de algún delincuente. La experiencia te dejará claro que en otras oportunidades no debes ser tan descuidado, así que en el futuro, al ver una calle con características similares tendrás el cuidado necesario de no entrar por ella o puedes sufrir un ataque violento.

Eso está bien, pero asumamos que en un caso peor, estas obligado a pasar por aquella calle, ¿qué es lo que sucederá? Evidentemente que tu sistema de supervivencia te pondrá en alerta y comenzarás a desarrollar síntomas de ansiedad, pero esto es perfecto, así podrás encontrar la posibilidad de ejercer una acción eficaz ante el posible peligro, insisto todo eso está perfecto.

El verdadero problema ocurre a la medida que ahora no quieres salir a la calle a ninguna hora en ninguna calle, esto sin duda que se ha escapado de las manos.

En este nivel se requiere atención y desde luego terapia, este tipo de circunstancias tarde o temprano terminara por afectar el desenvolvimiento normal de las tareas del individuo.

Veamos algunos casos de personas que atravesaron por algunas situaciones similares, y lograron salir airosos de dichas situaciones con algo de terapia, pero sobre todo con la determinación de que debían superar esta situación por el bien de sus propias vidas.

Hablemos de la fundación Mega Meier

Se trata de una de las fundaciones que trabaja de manera activa desde el año 2007 con el propósito de crear conciencia donde quiera que la fundación tenga alcance sobre los problemas que representa para la sociedad el tema del cyber acoso y e bullyng, el trabajo que esta fundación viene realizando es verdaderamente importante y significativa, sin embargo ¿de dónde surge esta fundación estadou-nidense?

La historia que se esconde detrás de la creación de

esta fundación es realmente impactante, Megan Meier fue una linda jovencita que nació en el poblado de O' fallón Illinois, esta chica sufrió de episodios depresivos desde que estaba muy pequeña, por lo que requería de un cuidado especial por parte de su madre y su hermanita algo mayor que ella, sin embargo, la tendencia emocional de la niña siempre fue profundamente depresiva.

Fue aproximadamente a la edad de 13 años que la jovencita comenzó a recibir mensajes por parte de un supuesto admirador a través de una red social conocida como MySpace, en realidad todo era un engaño, se trataba de la madre de una ex amiga de Megan quien a manera de venganza por sentir que esta rechazaba a su hija, se hizo pasar por un chico para engañar a la joven a quien después de verse enamorada le crearon todo un nivel de acoso realmente dañino.

"Este mundo estará mejor sin ti" fue lo último que este contacto le dijo a Megan, por lo que la niña tomó la extrema decisión de acudir al suicidio.

Esta situación fue realmente devastadora para esta familia, pese a que juntos lucharon para superar la perdida de la hija, que sin duda debe ser la experiencia más aterradora que todo padre puede experimentar, la familia terminó por desintegrarse debido a la gran tensión que surgió tras el paso de los años por tan irreparable pérdida.

La situación no podía ser peor, sin embargo no era el final, la crisis más difícil se hizo presente días después cuando los padres de Megan descubrieron que quienes ocasionaron la fatídica decisión de la niña no era realmente un chico sino que se trataba de una familia vecina, una antigua amiga de Megan y su madre, todo se volvió más denso y oscuro.

Impotencia, rabia, odio, resentimiento, todos estos fueron sensaciones que experimentó la madre y fundadora de la fundación en honor a su hija, esta fue la manera de demostrar que una situación que en términos normales puede volver literalmente loco a una persona, y hacerlo enfrentar a la posibilidad de desequilibrios terribles, permitirse asistir a terapia y superar el dolor puede ser un medio a través del cual superes esas situaciones realmente tristes y dolorosas.

Hoy ese dolor se ha convertido en ganas de luchar, en ganas de salvar vidas, y aunque nunca se logre ver con normalidad la pérdida de un hijo, la muerte de

Megan no está siendo en vano gracias a la determinación de una madre que decidió no quedarse sumergida en el dolor sino que hizo que todo el dolor se convirtiera en la posibilidad de salvar otras vidas de situaciones similares tal como lo viene haciendo la "fundación Megan Meier".

Recuerdas a Matilda

Es casi imposible no recordar la cara tan tierna de Sara Wilson, la tierna niña que escenifico al personaje de Matilda para Hollywood, esta pequeña niña quien de tan solo 8 años ya se encontraba en su tercera producción (producción que por cierto sería la que proyectará más su carrera) no sabía que todo lo que hasta este momento era un sueño que cualquier niño pudiera tener, tarde o temprano este sueño se convertiría en todo una pesadilla.

Desde los tres años estaba audicionando gracias a los sueños de su madre de verla actuar en la pantalla grande, los esfuerzos vieron fruto cuando recibió el primer papel para representar el personaje de la hija del grande de la comedia Robin Williams en la película Mrs. Doubtfire.

Así comenzó todo el camino que la llevaría a conocer las situaciones más difíciles que se pueden vivir en industrias tan peligrosas y sobre todo para los niños como es el caso de la industria del cine, luego del estreno de Matilde y con apenas 8 años de edad la niña perdió a su madre, que fue víctima de un cáncer que no le dio muchas oportunidades de sobrevivir.

Tras este acontecimiento La joven actriz no quiso aceptar más papeles dentro de la industria sino hasta que había alcanzado la edad de once años, en medio de este nuevo proceso en el que por cierto le correspondió viajar sin la compañía de su madre, ni su padre (este por causas laborales) le tocaría enfrentarse a la cruda realidad de lo que vendría para su vida.

Todo el cambio de su aspecto, la llevó de ser una niña tierna a una adolescente cuyo cuerpo fue pasando a convertirse en una gordita, por lo que ya los papeles que le ofrecían no tenía que ver con el estelar, sino que se trataba más bien de papeles poco importantes en los que correspondía ser la gordita de la que todos se burlaban, etc.

La situación no podía estar peor, sin su madre, sin la popularidad de la niña tierna, y sobre todo con una crítica salvaje que no tiene clemencia de los sentimientos de nadie sino que suele lanzar sus saetas sin

258 | GUÍA PARA LIDIAR CON LA ANSIEDAD Y ATAQUES ...

contemplación alguna, ¿el resultado? Un profundo estado depresivo que requirió sin más alternativa que algunos trabajos de terapia para poder superarlo.

Esta joven actriz es una activa trabajadora de la salud mental, hoy por hoy cuenta como debió utilizar técnicas de relajación para lograr superar la situación que estaba atravesando.

Ricky Martin asegura que las técnicas de relajación han sido la clave

Enrique Martin Morales, conocido cantante y actor que ha mantenido su fama por más de 30 años y ha demostrado que es posible a pesar de los estragos de la fama, la vida personal, y su intimidad, mantener la calma y la paz con algunas técnicas de relajación, su nombre aparece en la lista de la cantidad de artistas que han adoptado el Mindfulness como un estilo de vida en el que se destacan artistas de renombres como Beyonce, o el jugador de baloncesto Michael Jordan.

Con tan solo 9 años de edad iniciaría su carrera artística en uno de los grupos juveniles de los años 80 más famosos de la lengua hispana como fue Menudo, a principio de los años 90 comenzó su carrera como solista que con el paso del tiempo no ha hecho más que ir en un constante asenso.

Todo lo que implica estar envuelto en fama y mucho dinero son temas que no todos saben llevar con el equilibrio que este artista ha logrado hacerlo, hemos visto innumerable casos de artistas que el tema de la fama y el descontrol que general el dinero y de hecho puede incluso ser normal para algunos, los ha llevado a seguir vidas completamente descontroladas que terminan por caer en situaciones realmente dolorosas. Pero este no fue el caso de Ricky Martin, quien no solo se destaca por ser cantante, sino que recientemente ha decidido lanzarse en el mundo de la escritura, objeto de la inspiración que le han dado sus hijos, ha publicado un par de libro de cuentos infantiles, bajo la promesa de que seguirán viniendo más libros con el mismo enfoque.

Sin embargo uno de los trabajos más importante de escritura al que tuvo que enfrentarse fue al de su libro autobiográfico "Yo", mismo que saliera aproximadamente siete meses después de que el artista se atreviera a confesar su inclinación sexual en la que abiertamente explicaba que sentía atracción por los hombres.

De acuerdo a la entrevista que diera el afamado

cantante a la muy respetada animadora de televisión Oprah Winfrey explicó que lloró mucho al momento que le tocó confesar tal situación y que en realidad no fue nada fácil, en parte de la entrevista confesó cómo sintió que se entumecía mientras lloraba (evidencias de crisis de ansiedad).

Hoy por hoy Ricky Martin goza de una vida tranquila y sin problemas en el aspecto emocional, gracias a la práctica de Mindfulness logró encontrar el equilibrio deseado, pero además cuenta cómo práctica constantemente ejercicios de relajación que le han permitido mantener la tranquilidad de la que hoy disfruta.

Tres casos de celebridades que han manifestado abiertamente como es que el trabajo de la psicoterapia ha logrado influir en las emociones, ayudándoles a superar las etapas difíciles que les ha tocado vivir, cada caso con un tema particular, cada caso con sus propias características pero todos con una sola cosa en común, y es que fue gracias a estas técnicas de las que hemos venido hablando a lo largo de todo este libro que les ha servido para superar dichos traumas o situaciones que le llevaron a vivir condiciones extremas relacionadas con la ansiedad.

La intensión de mencionar casos con personajes que

son de renombres guarda el único propósito de poder crear una identificación muy clara respecto al tema y al personaje, en la intensión de hacerlo lo más cercano posible, no obstante, hay cientos y miles de casos que demuestran la eficacia de las distintas técnicas de las que he venido hablando.

6

¿POR QUÉ ES IMPORTANTE SUPERAR LA ANSIEDAD?

Acabamos de ver en el capítulo anterior una serie de historia reales de personas que se encontraron con situaciones difíciles a las que tuvieron que enfrentarse y que gracias a las distintas técnicas como las que te he mostrado en este trabajo, lograron superar estas situaciones que en otros casos pudo haber afectado seriamente la vida de los personajes.

Hoy por hoy gozan de buena salud emocional y han logrado continuar son sus vidas de manera satisfactoria pero además no dudo que la vida los siga enfrentando a situaciones como esas, pero las herramientas recibidas seguramente le han seguido siendo útiles antes los posibles inconvenientes nuevos por los que todos los seres humanos debemos atravesar continuamente.

¿Cuál es entonces la verdadera importancia que tiene superar la ansiedad?

Vamos a ver en que se traduce una vida que supera definitivamente el problema de la ansiedad, ahora partamos de la siguiente premisa, superar la ansiedad es sinónimo de superar los miedos, los temores, etc, y en cuanto a los beneficios que esto traduce la lista que podemos hacer es enorme, ¡veamos!

Superar la ansiedad supone una mejor vida

Al ver cada uno de los efectos que la ansiedad tiene en la vida del individuo es sumamente sencillo poder evaluar el nivel de beneficio que supone llevar a cabo cada uno de los ejercicios que te he propuesto a lo largo de todo este trabajo, las ventajas para tu vida están enfocadas en todas las direcciones de la vida misma, por ello quiero que evaluemos punto por punto cada uno de los aspectos que pueden estar involucrados en la mejoría de la salud emocional.

En primer lugar vamos a recordar las palabras del respetado medico Mario Alonso Puig, somos el producto directo de lo que pensamos, y es que nuestros pensamientos están directamente ligados a lo que sentimos, veamos este asunto un poco más de cerca.

Como bien acabo de mencionar nuestras acciones son el reflejo de todo el cúmulo de pensamientos que está en nuestro interior, por lo tanto todo aquello cuanto solemos pensar o asumir como una creencia es exactamente lo que va a suceder en nuestras vidas y entorno, y esto no tiene nada que ver con algún tipo de creencia metafísica o de poderes sobrenaturales que permiten que lo que deseamos lo atraigamos a nosotros (ley de atracción), y no se trata de que crea o no en este tema, se trata de que no es lo que nos ocupa en este momento.

La verdad es que lo que ha logrado alojarse en nuestra mente como una creencia es lo que irremediablemente vamos a condicionar nuestro cerebro a que suceda, en consecuencia una persona que está constantemente convencido que es una persona fracasada, que nada resultará bien, está condicionando su mente, su cuerpo, sus energías, a trabajar en función de eso que está en su pensamiento.

Todo lo que acabo de mencionar quiere decir una sola cosa, superar la depresión no es una forma en sí misma de solucionar los problemas de la vida, pero si supone que vas a restar la dirección de tu vida hacia los elementos que perjudica tu desempeño, ¿a qué se debe esto? Bien, como ya he dicho se trata que aunque no necesariamente esto representa la solución a menos ya tu mente no estará enfocada en el fracaso, en la tristeza, etc.

Pero a todo esto surge la incógnita que si no es esta la solución definitiva, qué es lo que debe suceder para que nuestras vidas se dirijan en dirección de mejorar las cosas.

Como ha quedado demostrado, se trata de derribar una barrera (el pensamiento negativo propio de la ansiedad y la depresión) y elevar una fortaleza nueva. Vamos a ver esto más de cerca para poder comprender mejor este asunto.

La solución total no está solo en dejar de hacer, sino en hacer algo nuevo, entonces todos los ejercicios que hemos visto hasta ahora consisten en dejar de lado la ansiedad y la depresión pero ¿qué haremos una vez logrado todo lo que te recomendé anteriormente? vamos a seguir los siguientes consejos.

Consejo # 1: Cambia tu manera de pensar

Si cambias tu manera de pensar de una estructura de dolor, de negatividad, estarás condicionando a tu mente y tu cuerpo que accionen justamente en la dirección correcta para lograr aquello que te propongas, asumamos entonces que tu problema estaba relacionado con la interacción social debes preparar tu mente justo para aquello que en otra ocasión era completamente un reto, debes hacer tus nuevos planes involucrando desde luego la posibilidad de cambiar ese aspecto en tu vida.

Consejo # 2: Dirige tus acciones hacia el lado correcto

Ahora es momento de hacer exactamente lo que en otro tiempo no te resultaba para nada fácil lograr, siguiendo el caso anterior deja de enfrenta los posibles rezagos de miedo que aun puedan quedar en tu vida y ve a relacionarte, haz nuevos amigos vive en función de los sueños que quieres alcanzar, no permitas que nuevamente el temor arrope tu vida.

Consejo # 3: Practícalo tantas veces como puedas

Convierte de estas acciones hábitos, no se trata de algo que vayas a realizar una sola vez sino que debes hacerlo una rutina de vida, todo dependiendo desde luego de la situación que se esté manejando, hay situaciones puntuales que desde luego no requieren más que superarlos, como por ejemplo las ansiedades producida por fobias puntuales, lo que estoy

aconsejando en esta oportunidad se refiere específicamente a los casos en que la situación afecta directamente el desarrollo de la vida del individuo.

Aumentará tu autoestima y autoconfianza

Uno de los efectos más peligrosos y que deja serias
secuelas en las personas suele ser el pensamiento en
contra de las capacidades del individuo, esto justamente sucede por los efectos negativos de la depresión y la ansiedad, es que en realidad cuando una
persona está afectada por la ansiedad se limita
profundamente las capacidades de la persona.

Esto anterior es resultado directo de los efectos del
estado de ánimo que resulta afectar la vida de la
persona que lo está padeciendo, de manera que tras
lograr de forma efectiva conseguir los resultados
como consecuencia de los distintos ejercicios que se
han planteado en este volumen, uno de los efectos
directos que se pueden conseguir es encontrar el
valor que una vez se habían perdido.

Me estoy refiriendo directamente a la confianza,
esto se debe justo al valor que se recupera tras
conseguir como un hecho que es posible salir
adelante a pesar de lo difícil que podía parecerle
poco tiempo atrás justo cuando la ansiedad y la

depresión le gritaban en la mente que no tenía la posibilidad de hacer o lograr absolutamente nada.

Pero esto puede no ser un beneficio en sí mismo, quiero que veamos brevemente cuál es el resultado directo de aumentar la confianza en uno mismo.

1. La autoconfianza es el culpable directo de la autoestima, es decir se destruye por completo la timidez, la inseguridad y el nerviosismo a la hora de emprender nuevos caminos en la vida.

2. Una vez que confías plenamente en ti en consecuencia en tus capacidades, pero igualmente en tus talentos, eres completamente capaz de construir la vida que tanto deseas pero a la manera que desees hacerlo, tu sabes que puedes y recuerda que tal como lo mencione hace un momento, si lo crees condicionas tu mente completamente para que eso que deseas suceda.

3. Uno de los aspectos más importantes es a nivel social, recuperar tu autoconfianza te permite establecer de manera más fácil la relación con otras personas, ahora bien ¿qué significa eso? Esto puede tener serias

implicaciones con el transcurso de tu vida, ya que esto supone que podrás encontrar el amor y aumenta la posibilidad de que tengas un futuro maravilloso con una familia, pero no solo eso, hacer negocios será de igual manera una posibilidad latente, así que esto hace más que imprescindible superar la ansiedad, puedes lograr el negocio de tus sueños.

Son solo algunos de los beneficios que representa haber recuperado la autoconfianza, sin embargo hay ciertos aspectos de una vida llena de autoconfianza que requieren tu especial atención y no debes descuidar, recuerda que los extremos son malos y si permites que la balanza se incline demasiado hacia uno de los dos lados podrás cometer errores, sobre todo si se excede el tema de la autoconfianza, cuídate de los siguientes aspectos:

1. No pierdas de vista el piso, recuerda lo que es real y lo que es producto de la fantasía, tener autoconfianza no te convierte en un superhéroe, por lo tanto ten cuidado de no hacer cosas que al final de la jornada termine por traducirse en fracasos o desilusiones, no

sea que esta situación termine por despertar nuevamente los estragos de los miedos y vuelva la desconfianza en ti, y esto vaya a terminar por lanzarte nuevamente en los brazos de la ansiedad.

2. Debes tener un especial cuidado con la soberbia, es muy peligroso el desequilibrio en este sentido, ya que un sentimiento de autoconfianza elevado puede generar un exceso confianza y desarrollar esta cualidad que en lugar de crearte buenas relacionas puedes llegar a aislarte más de la vida social, y generar el rechazo de las personas de tu entorno.

3. Caer en autoconfianza exagerada es un peligro, ya que se puede caer en el error de creer que todas las decisiones que se tomen son correcta, y justo allí radica el peligro, no se puede perder de vista la necesidad de recibir orientación de las personas que tienen más experiencia en el ámbito que sea.

En conclusión recuperar la autoconfianza puede ser un arma de doble filo si no se tiene el cuidado preciso, y cuidado con este mensaje, es importante y necesario recuperar la autoconfianza, solo se debe desarrollar junto a la ecuanimidad, la una sin la otra es un gravísimo error.

Enfrentar los miedos y superar la ansiedad se traducen en mejor salud

Sobre este asunto hemos hablado antes, la repercusión que los temores y la ansiedad tiene sobre un individuo trasciende el plano de lo mental, aunque indudablemente la salud más importante está en la salud de la mente, ya que una mente saludable es la posibilidad de un cuerpo sano, sin embargo sobre el tema de la mente saludable quiero reservarlo para finalizar este capítulo, aunque pueda parecer que es contradictorio comenzar por los efectos en lugar de iniciar por la causa, todo tiene su razón de ser.

Como quedó demostrado antes el impacto de las emociones negativas puede tener efectos terriblemente dañinos en la persona en muchos ámbitos, de manera que una vez que se logra llevar a cabo cada uno de los consejos que has leído en este capítulo, vas a lograr los siguientes resultados en tu cuerpo.

Lo primero es que disminuyes las probabilidades de padecer problemas relacionados con el corazón, los continuos estados de ansiedad va aumentando la posibilidad de desarrollar enfermedades cardíacas, igualmente puede generar conflictos serios que tienen incluso la capacidad de generar accidentes cerebrovasculares.

Ya hemos visto cómo es que los síntomas generados por los miedos pueden desarrollar síndrome metabólico, o problemas relacionados con la hiperglicemia, perdida de sensibilidad a la insulina, todo esto puede desarrollar problemas serios tal como la obesidad y todo lo que esto implica.

Lo otro que es preciso evaluar es que si has logrado superar todos estos problemas siguiendo cada uno de los pasos que te he dejado registrado en cada uno de los capítulos, sobre todo en el apartado en el que te dejé explicito que debes realizar ejercicios y cambiar hábitos poco saludables como el consumo de tabaco te estás garantizando que tu salud pulmonar, respiratorio, tus biorritmos y cada aspecto de tu condición física mejorará de manera exponencial.

Salud a nivel mental

La mente es el epicentro de todo nuestro ser por lo tanto una mente saludable es la mejor manera de garantizar que todo los aspectos de tu vida estén y no solo estén sino que se mantengan saludables.

Ahora bien, es una realidad que todos podemos estar

expuestos por una o varias razones a situaciones que pueden afectar nuestra salud física, pero un buen estado de salud mental y emocional permitirá que ante cualquier tipo de eventualidad difícil en la vida pueda ser superada gracias al poder de determinación que se puede alcanzar al tener un estado emocional saludable.

John tenía 21 años, era estudiante de comunicación social, excelente estudiante, pero tenía una cualidad, era muy retraído y de pocas amistades, siempre tímido a causa de los problemas que desde chico presencio en casa, siempre se sintió muy vulnerable, siempre se refugió en su pasión, "las motocicletas" coleccionaba revistas, motocicletas miniaturas, era sencillamente un apasionado de las motos.

Su padre era chofer de un camión de Coca Cola para el que comenzó a trabajar John con tan solo 20 años en sus tiempos libres, su sueño era comprar una motocicleta y por ella trabajo durante dos años y medios.

Pero ante esas circunstancias de la vida que muchas veces no sospechamos que puedan suceder, John con apenas 3 días de haber adquirido la motocicleta sufrió un terrible accidente. El diagnóstico fue devastador perdería sus dos piernas, la fragilidad propia de los estados de ánimos de este chico lo llevó a una situación emocional precaria, al punto que su tristeza lo condujo a terminar por entregarse en los brazos de la muerte, todos los sueños de este chico lo llevaron a la más triste realidad.

El mismo destino sufrió Alejandra solo que esta era una gran deportista de maratón, y aunque lamentablemente vio frustrados sus sueños de campeona maratonista y de asistir a las olimpiadas, su buen estado emocional la ayudó a reponerse de manera fácil ante la adversidad a la que se presentaba y a donde la arrojaba a vida, hoy Alejandra es una gran jugadora de baloncesto en los campeonatos paralímpicos.

Esto es solo una de las tantas muestras que podemos tener de lo importante que resulta un buen estado de salud mental, saber gestionar correctamente nuestras emociones, es decir, no solo se trata de no contraer una gripe, sino de mantener un buen estado de ánimo ante esa gripe.

Es que efectivamente nuestro sistema inmunológico se fortalece de forma significativa cuando mantenemos un buen ánimo y ante cualquier adversidad es mucho más fácil lograr superarlo si mantenemos un estado de ánimo óptimo.

Sabemos después de ver este capítulo y evaluarlo a la luz de los anteriores que no solo es un buen propósito no tener la ansiedad ni ningunos de los detonantes de dicha situación, y pese a que esto ya representa un enorme beneficio, las ventajas que esto representan son en realidad enormes, se traduce en salud física, en salud social, en salud emocional, en definitiva es una necesidad, y un deber lograr superar la ansiedad y ya cuentas con las herramientas que necesitabas para iniciar tu camino, el momento de comenzar es justo ahora.

CONCLUSIÓN

¿Habías notado alguna vez el alcance que tiene los miedos? En el mundo de hoy se ha tratado de normalizar asuntos como la depresión, los temores y en consecuencia la ansiedad, sin embargo ha quedado claro tras evaluar cada uno de los capítulos de este trabajo la importancia que en realidad puede tener estos elementos en la vida de los seres humanos.

Se ha querido sacar partido de esta situación y hay casos muy lamentables en los que se ha tratado de demostrar que en realidad no es importante superar estos estados, sino que se puede vivir con ellos, tanto así que se ha intentado normalizar esta situación.

Pero cuál es la repercusión que esto tiene en la vida de un individuo, ¡vamos a verlo! Un estado de ansiedad puede desatar situaciones terribles como profundas depresiones, y no deja de ser cierto como es que esta situación se escapa de la mano al nivel que un profundo estado de depresión puede llevar incluso a perder atentar contra la propia vida, esto en algunos países se ha transformado en emergencia nacional.

Es allí donde radica la necesidad de darle la importancia a este asunto, cuando un país se preocupa por tener un estado de salud emocional en sus ciudadanos estamos ante un país cuyos índices de crecimiento en todos los aspectos son notables, la economía es saludable, las sociedades son saludables, la política es saludable, es decir que tener salud emocional es algo que puede catalogarse como un problema de estado.

Por lo pronto quizás estemos lejos de encontrar legislaciones que tomen en consideración la salud emocional de sus ciudadanos, por el contrario las tensiones que normalmente surgen en los países puede ser uno de los factores que esté generando en las personas los diferentes estados de preocupación y desesperanza propio de la ansiedad y la depresión.

Corresponde a cada uno de nosotros tomar las acciones correspondientes, y quiero darte una gran felicitación por haber tomado la determinación de dar el paso y disfrutar de una de las guías más completas que puedes encontrar respecto al tema de la ansiedad, desde el principio de este trabajo he dedicado todo el esfuerzo posible en que logres tener una claridad y despejar todas las dudas que puedan haber respecto a este asunto.

Qué es y qué no es la ansiedad es lo que te he dejado registrado en el primer capítulo, esto justamente por el error en el que se ha estado cayendo y que ha sido o se ha intentado hacer como normal como es la confusión reinante que ha habido entre lo qué es ansiedad y el estrés.

Por ello quedó entonces aclarado y despejado todo este asunto, ya sabes que el estrés presenta síntomas distintos a los de la ansiedad y que las fuentes de uno y otro son diferentes, aunque en la forma pueden tener ciertos parecidos incluso en algunos casos pueden haber nexos, no obstante son completamente diferente uno de otro.

Más tarde me ha parecido imprescindible tocar un tema como la importancia que representa superar cuanto antes abandonar un estado emocional como este, y es que tal como mencioné al principio de esta conclusión, no podemos por ningunas circunstancia abandonar la esperanza de superar esta situación, no se trata de un juego, la ansiedad es peligrosa, y por muchas razones, en primer lugar por los profundos estados de depresión en los que puede sumergir a una persona, y por otro lado por el impacto que esta condición puede tener sobre en la salud en general.

No solo la salud física, sino la salud integral, esto incluye la economía, la autoestima, la motivación al logro, el futuro de la persona está en juego sino considera resolver esta situación, sabemos que todos los seres humanos estamos diseñados para vivir en conexión y en interdependencia con otras personas, por este motivo es que el establecimiento de organismos sociales de vital importancia como la familia es un fin que nos gustaría a todos o casi todos alcanzar, no obstante, no deja de ser cierto que no todos están dispuestos a sobre llevar la carga que implica establecer una relación con una persona que es completamente insegura de sí misma.

Todo lo anterior hace que sea un verdadero reto que una persona que se encuentra atravesando un estado de ansiedad o depresión formalice de manera natural algún tipo de relación en el plano amoroso, lo cual puede asegurar que esto termine en ocasionar frustración y agudizar el problema inicial que es la ansiedad.

No solo eso, sino que una persona con ansiedad es una persona que puede desarrollar altos niveles de inseguridad en sí mismo, esto conlleva casi irremediablemente a dudar de sus propias capacidades, y quiero hacer un alto sobre este asunto por un momento.

Eres capaz de alcanzar solo aquello que decidas que quieres alcanzar, alguien dijo en una oportunidad que eres capaz de volar tan alto como tú mimo decidas volar, también, "solo es imposible aquello que no decidas realizar".

Tras esta serie de frases importantes quiero dejar claro una cosa y es exactamente lo que esta reflejado en el capítulo dos, no careces de capacidad, no careces de habilidad, la carencia real que puedes estar teniendo en un momento determinado se trata es a nivel mental, y aunque puedas estar convencido que no es posible para ti, lograr tal o cual cosa, tengo noticias importantes para ti: "todo el potencial está dentro de ti" y cuando digo todo es realmente todo,

¿pretendes seguir deteniendo el potencial que hay en ti?

Quiero que lo puedas ver, sino lo has logrado es porque la barrera del temor, la ansiedad, la depresión te ha mantenido en alto, y ha conllevado a que tu vida se mantenga e el punto que se encuentra, es momento de hacer algo para superarlo.

La fortuna con la que cuentas en todo este tema, es que las herramientas que tienes para superarlo son muchas y todas las he puesto en tus manos en el capítulo tres, el método de exposición, Mindfulness, y una serie de métodos psicoterapeutas que pueden ayudarte a superar todo este flagelo que has podido estar atravesando, técnicas sencillas para empezar a aliviar tu vida te las he dejado documentada en este libro, solo debes dar el primer paso.

Pero además de dichas técnicas hay ciertos consejos adicionales que te entregué y que te van a brinda el beneficio de superar la ansiedad, superar tus miedos y caminar rumbo a la verdadera y completa liberación de los estados de ansiedad patológicos.

Por ejemplo te he mostrado lo altamente productivo que puede resultar para este fin comenzar a realizar algún tipo de deporte en tu día a día, sobre este asunto no se trata de ser radical, no implica de ninguna manera que debes crear un estado desesperado por hacer ejercicios duros y creer que esto se logra de esta manera, ve poco a poco, paso a paso, comienza por caminar cada día, durante las mañanas es mucho mejor, crea un contacto con la naturaleza, busca un parque que se encuentre repleto de árboles de manera que te brinde un espacio con un ambiente purificado.

Procura los rayos de sol de la mañana y permítele a tu cuerpo que te brinde buenas dosis de vitamina D, el secreto está en que camines al menos 30 minutos diarios, esto como mínimo para empezar, de acuerdo a tu estado físico, en el caso que puedas estar muy fuera de condiciones hazlo en dos bloques de 15 minutos, uno por la mañana y otro por la tarde, lo importante es que esos quince minutos sean de pasos continuados, a un ritmo con el que llegues a acelerar levemente tu ritmo cardiaco.

En el trascurso de dos semanas auméntalo 15 minutos más, y luego repites el aumento hasta que hagas un mínimo de una hora diaria. Cuando ya domines esta situación estamos listos para asumir una disciplina, puedes apuntarte al gimnasio comenzar con trabajo aeróbicos y luego si lo quiere los trabajos anaeróbicos son de gran ayuda, pero es importante que siempre te mantengas en control y supervisión estricta de tu médico.

Esto mismo se aplica en el ámbito de la alimentación, te he dejado claro que la alimentación juega un papel importantísimo en todo este asunto, lo mejor que puedo dejarte en este momento es que hables con un nutricionista y dejes claro la condición emocional en la que te encuentras y le pides que te oriente de manera correcta en la alimentación correcta para mejorar tu esta do de salud mental.

Abandona viejos hábitos dañinos como el cigarrillo, el abuso de alcohol y de manera urgente si te has visto envuelto en el consumo de algún tipo de drogas, así como lo han logrado muchas personas que pueden haber atravesado esta situación y hoy por hoy son personas completamente libres de todo el yugo de la ansiedad.

Sobre esto anterior te he dejado documentado algunos de los casos más emblemáticos de personas sumamente conocidas por su trayectoria artística y que se vieron afectado por estados de ansiedad y depresión y que gracias a técnicas como el Mindfulness lograron salir de su estado caótico, pero además algunos de ellos lograron hacerlo sencillamente con los ejercicios de relajación que ya he mencionado anteriormente.

No queda más que poner manos a la obra y asumir el compromiso desde lo más profundo de tu ser de tomar la ansiedad y decirle de una forma definitiva y para siempre, ¡Adiós!

.

www.ingramcontent.com/pod-product-compliance
Lightning Source LLC
Chambersburg PA
CBHW031118020426
42333CB00012B/138